中国结构转型中的困惑：
价值实现与效率实现

曹前满 著

Confusion in China's
Structural Transformation

Value Realization and
Efficiency Realization

中国社会科学出版社

图书在版编目（CIP）数据

中国结构转型中的困惑：价值实现与效率实现／曹前满著 .—北京：中国社会科学出版社，2019.8
ISBN 978 – 7 – 5203 – 4950 – 5

Ⅰ.①中… Ⅱ.①曹… Ⅲ.①中国经济—转型经济—研究 Ⅳ.①F12

中国版本图书馆 CIP 数据核字（2019）第 200440 号

出 版 人	赵剑英
责任编辑	田　文
特约编辑	杜淑英
责任校对	张依婧
责任印制	王　超

出　　版	中国社会科学出版社
社　　址	北京鼓楼西大街甲 158 号
邮　　编	100720
网　　址	http://www.csspw.cn
发 行 部	010 – 84083685
门 市 部	010 – 84029450
经　　销	新华书店及其他书店

印　　刷	北京君升印刷有限公司
装　　订	廊坊市广阳区广增装订厂
版　　次	2019 年 8 月第 1 版
印　　次	2019 年 8 月第 1 次印刷

开　　本	710×1000　1/16
印　　张	14.25
字　　数	205 千字
定　　价	68.00 元

凡购买中国社会科学出版社图书，如有质量问题请与本社营销中心联系调换
电话：010 – 84083683
版权所有　侵权必究

前　言

自新中国成立以来，中国的经济社会一直处于转型中，公平与效率成为社会主义制度追求之所在，也必须成为制度优势之所在，但这不是靠发动一场政治运动就能实现的，而是需要深化对经济社会规律的认识，并不断地进行制度构建，因背景环境在更新，旧的结构性问题还没有解决，总是有新的结构问题叠加其中，特别是伴随着中国全球化的融入，外部因素使得问题变得更加复杂。当下，中国经济社会发展已进入新的转型节点，经济社会运行中的各类结构问题层出不穷。本书立足于公平与效率的制度追求，从开放发展的大背景，分析世界经济运行的逻辑，并把中国问题放入全球化背景中加以审视。从理论与实践层面，认识中国结构转型中的时段特点与结构问题的变迁，就经济极化与区域平衡发展、功能区与行政区以及"三农"问题作深入剖析。由此，试图拨开迷雾，揭示我国多层面的结构问题的实质之所在，寻找达到价值实现与效率实现的结构转型路径，从多层面分析我国结构问题的实质，探讨制约有效化解问题的深层逻辑，提出施策建议。围绕这一核心主题，本书通过十一个专题研究展开，各自成章。

第一章立足于经济全球化时代背景，从自由主义、利益平衡与结构体系层面，分析全球价值体系下的世界经济秩序的逻辑。第二章剖析中国结构问题实质，即中国结构转型中价值实现与效率实现的困惑。第三章从方法论视角，回顾我国转型中特定历史，分析毛泽东在工业化实践中的结构思想与中国社会转型,寻找毛泽东的结构思想对当今转型发展的意义。第四章回答现实问题,寻找中国问题的出路选择,论述"四化"同步发展的逻辑基点与充要条件。第五章探讨平衡发展的忧虑,即分析极化效应下中国县域经济发展进路、瓶颈与出路,指出功能特区化对地域系统结构依附逻辑,价值实现与效率实现是平衡化发展的标尺,构筑地域基本生活圈是路径取向。第六章分析功能分区的困扰,即中国开发区归属与归宿的成长困惑,揭示开发区的体制与载体、利益与归属、功能与结构、功能与主体职能的内在关系。第七章分析绿色发展遇到的困惑,即主体功能区的价值取向与发展路径匡正。第八章直面当前经济领域生产成本趋升的问题,基于劳动配置平衡化的物价效应机理,探讨资源配置的矫正,阐述结构转型中的平衡发展与劳动配置再平衡的重要性。第九章探讨"三农"之核心的农民问题剖解,探讨区域经济发展与农民问题解决的困境,揭示单中心到多中心回归的必要性,重塑地域生活圈。第十章再探索城乡一体化,比较分析中华人民共和国成立初期工业的城乡一体化实践与当今新型城镇化构想。第十一章汲取国际经验探讨城乡关系的重塑,论述城市乡村关系建构与地域的圈域化发展选择。

目 录

第一章 全球价值体系：世界经济秩序的逻辑——利益平衡与结构体系 …………………………………………（1）

一 资本逐利为不平衡世界的外在有序化动力——自由主义价值神话的源起 ………………………………………（3）

二 从资源和技术的不平衡中追求区域利益平衡——全球化推进的关键所在 ………………………………………（6）

三 在技术趋近平衡中重塑地域生产—消费结构——经济生态的必然需要 …………………………………………（9）

四 区域利益平衡与经济结构平衡的消长——世界秩序的矛盾实质 ……………………………………………………（12）

第二章 中国问题实质：结构转型中价值实现与效率实现的困惑 ………………………………………………（16）

一 价值输出的耗散结构中的受控导致消费抑制：效率脱离民生与社会结构分化固化 …………………………（17）

二 非交互效率传递的工农两部类生产的价值平衡：价值无关效率与"四化"结构调整 ………………………（20）

三 结构失衡中非倚重效率的价值困惑：价格无视价值与结构政策导向 …………………………………………（24）

· 1 ·

四　价值实现与效率实现是结构优化的方向所在 …………（29）

**第三章　历史回顾：中国社会转型与早期工业实践的
　　　　　结构思想**………………………………………（32）
　　一　国家层面的内外结构：社会转型与结构重塑 …………（33）
　　二　区域层面的结构关系：地方自立与区域协作 …………（38）
　　三　经济社会层面的结构：经济生态与结构优化 …………（42）
　　四　早期工业实践中的结构思想对当今转型发展的意义 …（47）

**第四章　出路选择："四化"同步发展的逻辑基点与充要
　　　　　条件**………………………………………………（54）
　　一　"四化"在我国当前的基本地位判定 …………………（55）
　　二　"四化"之间的交互关系分析 …………………………（59）
　　三　"四化"同步发展的逻辑分析 …………………………（64）
　　四　基本结论…………………………………………………（71）

**第五章　平衡发展的忧虑：极化效应下县域经济发展进路、
　　　　　瓶颈与出路**…………………………………………（74）
　　一　行政分权与功能分区化路径下的县域经济"存在" …（77）
　　二　地域系统演进中县域经济的"机遇"与"瓶颈" ……（81）
　　三　经济极化效应下县域经济的地域系统约束机理 ……（85）
　　四　发展县域经济的效率和价值协调的出路选择 ………（90）

第六章　功能分区的困扰：开发区归属与归宿的成长困惑 ……（95）
　　一　开发区的改革试验性与性质的困惑：体制与载体 …（99）
　　二　开发区主体等级权限的合法性困惑：利益与归属 ……（104）
　　三　开发区"产城融合"路径的困惑：功能与结构 ……（109）
　　四　开发区行政区化之合理性困惑：功能属性与主体
　　　　职能……………………………………………………（115）

第七章 绿色发展的解困:主体功能区的价值取向与发展路径匡正 ……(121)
  一 主体功能区的价值导向与存在环境 ……(122)
  二 地方利益博弈与主体功能区的价值扭曲 ……(128)
  三 主体功能区际利益协调及其政策取向 ……(135)

第八章 资源配置的矫正:引导劳动配置再平衡,优化中国经济社会转型 ……(143)
  一 价值体系调整中劳动配置平衡化的物价效应机理 ……(145)
  二 劳动配置的再平衡主要阻滞与转型困惑 ……(152)
  三 价值实现导向下劳动配置平衡与结构转型取向 ……(157)
  四 引导经济转型与社会结构转型相匹配的实践路径 ……(160)

第九章 农民问题的纠结:区域经济发展与农民问题解决的困境 ……(163)
  一 粮食安全与劳动价值困境 ……(166)
  二 农业产业化与劳动转移困境 ……(170)
  三 单中心到多中心回归困境 ……(173)

第十章 城乡关系的探索:中华人民共和国成立初期工业的城乡一体化实践与当今新型城镇化构想 ……(178)
  一 改革开放前与当前的发展主题 ……(179)
  二 城乡一体化构想与实践及其主要瓶颈问题 ……(182)
  三 新时期工业化、城镇化发展的机遇与对策 ……(189)

第十一章 城乡关系的重塑:城市乡村关系建构与地域圈域化发展选择 ……(194)
  一 城市与乡村:国内现状与关注点 ……(195)
  二 地域圈域化:日韩地域均衡发展的经验 ……(198)

三　圈域化运作的认识：城市与乡村统筹基石 …………………（203）
四　总结 ……………………………………………………………（206）

参考文献 ……………………………………………………………（208）

后　记 ………………………………………………………………（218）

第一章

全球价值体系：世界经济秩序的逻辑——利益平衡与结构体系

全球化是指人类从以往各个地域、民族和国家之间彼此分隔的原始闭关自守状态走向一个全球性社会的变迁过程，它可区分为技术层面、社会关系层面和价值观念层面，并呈现进程加速化、内容多样化、方式内在化、效应双重化等当代特点。当代全球化在人与世界关系的各个方面都引发或加剧了一系列全球问题，因而出现了各种形式的反全球化运动，反映在两个层面，即发达国家与发展中国家间，以及发达国家内部不同阶层或群体间。

经济领域的全球化是资本主义主导的全球化的核心目标，资本主义与全球化之间是一种共生关系，然而在世纪之交的西方全球化思潮中，资本主义内部存在现实主义与新自由主义两种派别，构成全球化与反全球化的一种共生关系。恣意资本的任性，便造成本应由资本主义背负的全球化的原罪，在资本扩展过程中不可避免地带来疯狂的逐利特性[①]。反全球化运动始终是推动资本主义主导的全球化走向更加公正、更加理性的主要力量。全球化和技术造成了发达国家劳动力市场的两极分化，但它们都不是从天上掉下来的抽象市场力量，它们都是被政策塑造的。很大程度上全球化是大公司和

[①] 李优坤、戴斌武：《反全球化与资本主义全球体系危机》，《世界经济与政治论坛》2011年第2期。

其他特殊利益集团从自身利益出发进行管理的①。太多的时候，它们对全球化威胁的响应使得工人的境况甚至变得更糟糕，工人在面对资方时处于不利的谈判地位。反全球化则是全球化矛盾和冲突之深刻性的体现，从经济维度看，反全球化是跨国公司全球扩张负面溢出效应的反映；从科技维度看，反全球化是现代科技发展的一种另类产物。

全球化进程在2016年出现了明显转折，2016年6月23日，英国举行脱欧公投。美国新一届总统特朗普选择美国优先政策，频频摆出贸易保护主义姿态。其根本原因在于这一波全球化已导致全球层面严重的经济与贫富分化，政治极化与社会多元化。主要原因在于内部贫富分化加剧以及外来竞争压力。由于资本逐利本性和技术进步前景不会改变。中长期看可能更多体现"公平因素"。思想界对所谓"普遍价值""普遍伦理"的探寻，为解决当代的全球问题、走出全球化的困境提供了一条重要思路。如何走出当代全球化困境，实现全球化和世界经济平稳健康发展，还需要深层次讨论和解决国际经济秩序变革、国家发展模式选择等问题。

新自由主义世界秩序是资本逻辑的衍生，地域发展不平衡为各经济主体全球化参与拓展获利机会和空间，国际间的交互摩擦和利益诉求需要以利益平衡来调和，即量化为贸易平衡。而在技术、资源不平衡格局下，这种平衡是一种价值扭曲的平衡。资本逻辑的"必然"是对资本放任的结果，不是经济运行结构的逻辑必然，经济运行的基础是生产与消费的结构体系，生产地与消费地以及生产中心与创新中心的分离，深刻影响到地域经济结构平衡，即全球化的结构不能确保地域结构有序。因而，新自由主义主导的全球化经济秩序只是对资本"逻辑"的辩护，平衡利益的贸易平衡不能替代区域经济的结构平衡，即经济运行的消费与生产不能脱节。

---

① ［美］斯蒂格利茨：《不平等的代价》，张子源译，机械工业出版社2013年版，第250页。

第一章 全球价值体系：世界经济秩序的逻辑——利益平衡与结构体系

本专题研究着重从全球价值体系视角阐述世界经济秩序的逻辑，分析自由主义、利益平衡与结构体系之间的关系。中国正在推进"一带一路"战略，欲构建新的全球化秩序，只有理解和把握全球化经济运行规律后，才有可能实现共建、共享的全球化秩序。

一 资本逐利为不平衡世界的外在有序化动力——自由主义价值神话的源起

（一）经济发展动力与资本逐利逻辑的衍生

资本逐利是资本的逻辑基点，是市场经济的最原始动力。因而，以资本为中心的经济秩序是资本主义制度的理论根基，其核心价值体系是自由论，即"自由主义经济学的核心理论，强调自发秩序是人类经济活动应遵循的基本规律，宣扬自由竞争自动调节经济以达到充分就业的均衡，视无所作为的政府为最好的政府"[①]。因而，自由主义并非只是一种经济理论，还是资本主义的一种意识形态。其基本价值取向是崇尚经济主体的自由放任和市场竞争的力量，认为私有化和市场力量的自发作用，可以避免"官僚控制"和"工会垄断"带来的效率低下、缺乏生机等现象，并以此为自由市场经济辩护。

资本经历过自由竞争到垄断的历程，先发的资本主义国家在其早期阶段都曾经是技术和生产的中心地，总是受生产过剩的困扰，需要寻求外部市场释放产能，资本与政治的联姻，在不稳定的社会结构中，国家为资本扩张、垄断，特别是为资本国际化提供庇护，由此，促进国家集权体制的构建。他们主张的自由贸易，实现"贸易立国"，其思想骨髓实质是社会达尔文主义"弱肉强食"的生存哲学，借助殖民扩张，推进着世界贸易，以物品"效应"重塑贸易对象国

---

① 王泽应、贺汉魂：《当代经济自由主义的伦理反思》，《湖南师范大学社会科学学报》2010年第1期。

的"价值"体系。在规范的市场制度下，资本代表着社会发展的一种有序化力量（如社会利润趋向均衡化），而技术总是破坏着既有价值框架下的有序化，尤其是在技术主宰资本的时代，新技术代表着新的资本利益诉求，因此，在殖民统治体系崩溃后，资本主义国家出现政治力量的分化，伴随行政效率的政治理念化，取向迎合新自由主义价值观，加速促进资本主义集权体制的瓦解。新自由主义是对凯恩斯主义的修正，也是对以政治经济一体化的国家资本主义为主体的集权政治否定，也构成对福利国家体制的冲击。

（二）新自由主义的实质与全球化推进

理论的生命力源于实用，源自于所要服务对象的需要，新自由主义观是当今全球化理论的核心，"在继承古典自由主义经济理论的基础上，以反对和抵制凯恩斯主义为主要特征，适应国家垄断资本主义向国际垄断资本主义转变要求的理论思潮、思想体系和政策主张"[①]，为资本在世界范围活动拓展空间提供了理论依据。由此，新自由主义为许多政治家和主流经济学家所推崇，成为推动经济改革和现代化方案的理论根基。首先在英美，随后在全球范围内得到广泛传播和贯彻执行，至今在全球现代化理论与发展理论中处于核心地位。因此，新自由主义不但是资本主义世界主流意识形态，而且影响甚至支配着非西方社会的发展。私有化和自由化则是新自由主义在发展中国家推行"华盛顿共识"的两个最重要的"支撑点"，其核心内容就是政府减少甚至不干预经济。因而，"真正全球化的世界，是一个由新自由主义全球化的思想、标准和原则统治着的世界。"[②] 即以西方主流大国为主导的全球一体化，推行以西方主要发达资本主义国家为主导的全球经济政治文化一体化，即全球资本主义化，从而深刻影响着发展中国家的现代化进程。因此，有人认为，新自由主义的全球一体化实际

---

① 来自何秉孟在2003年中国社会科学院"新自由主义课题组"研讨会上的报告。
② ［古巴］菲德尔·卡斯特罗：《全球化与现代资本主义》，王玫等译，社会科学文献出版社2000年版，第31页。

上构成国际垄断资本企图统一全球的制度安排①。西方资本主义大国通过新自由主义谋划着资本的出路，勾画美好图景，从国家层面看，通过全球化这样的系统外部环境调节其内部结构问题，即释放资本的财富集聚与相对生产过剩的矛盾的危机。

（三）经济主体的利益保护与全球化的局限性

在世界发展不平衡格局下，特别是伴随技术的不断创新，自由主义的全球化为跨国公司实行全球战略提供了巨大空间，即可在全球范围配置资源，实行高效率的经营管理，最大限度地降低成本，提高经济效益。跨国公司是一国生产力发展和经济生活国际化的结果，利用世界经济发展的不平衡，推动经济全球化的发展。因世界发展的不均衡，在此背景环境下的经济自由化，必将导致以发达国家为"中心"和以"第三世界"国家为"边缘"的国际分工或分层体系。发达国家最初通过不平衡的贸易，剥削"外围"的发展中国家，使发展中国家受制于发达国家，处于被动乃至从属的不利地位。在中心—外围的世界经济结构中，缓和了资本主义矛盾，但在不平衡发展环境中，经济自由化结果更多地表现为一种掠夺，引起"第三世界"国家的不满和抵制，甚至上升至政治矛盾。由此，成为民族国家争取主权独立的重要理由，努力构建自己的经济体系。中华人民共和国成立初期，毛泽东等中共领导人认清了国家独立与经济独立关系，要求建立完整的工业体系，确保经济的独立性。在民族独立的基础上推进经济建设成为必然选择，在国际交往中，关税制度是国家求得生产力保护和生产关系维护的重要基础。新自由主义因理想的利益输送图景而为发达国家所推崇，借助发展中国家有所求，从而主导自由贸易规则的制定。然而，新自由主义更多地代表着资本的价值取向，甚至削弱或抵触国家意志。自由主义价值体系，源自资本所代表的利益集团，乃至阶层的需要，更多关注资

---

① 刘静：《新自由主义范式与美国经济危机》，《云南社会科学》2009年第4期。

本的一个逻辑维度，寻求财富增值最大化，而"离开人生幸福这一最高目标"，忽视经济循环的结构优化。因此，新自由主义只是经济自身运行合理化和世界经济秩序的神话。因此，解放生产力、发展生产力和保护生产力是加强对外交往的出发点，并不是迎合全球化而被动应战，接受风险转嫁。在当前全球化的生产与消费中，通过虚拟经济，实现财富符号化，通过（量子）泡沫破灭的方式，也弱化财富集聚对结构不平衡的影响。这种虚拟化通过全球化让世界参与者蒙受其害。

二　从资源和技术的不平衡中追求区域利益平衡——全球化推进的关键所在

（一）资源与技术的地域差异与经济主体的全球参与

资源禀赋存在地域差异性，技术发展存在地域不均衡，在资本推动下，实现生产在全球范围分工与协作。分工与协作有助于生产效率的提高，而技术创新则更加促进生产效率的提高，因技术创新的不平衡，当技术与产业资本结合时，地域生产不再满足地域内部需求，而是更广域的人的生活需求。由此，形成技术与资本主导的世界生产体系，引起生产体系的世界性波动或振荡。生产是社会的存在基础，而地域生产能力取决于技术程度，发达国家是技术创新的中心地，从而引领全球经济的发展。发达国家通过科技成果的快速转化使新兴产业在发达国家不断涌现，技术依附于产业，技术扩散主要是通过产业转移，因而，对外转移传统产业成为必然选择，而独立经济体的发展中国家对技术渴望，希望加强与发达经济体的经济合作，可获得生产力的提升和一定程度的民生改善，减少工业化的摸索，缩短工业化进程。资源和技术不平衡体现为发达国家的资本、创新资源存量和发展中国家为廉价劳动和自然资源存量优势，发达国家资本为寻求利润空间，发展中国家欲获得技术溢出改变落后的生产力，各取所需，从而推进对全球化的参与。

（二）空间壁垒的消解与全球资源配置与世界分工

交通和通信的现代化为全球化提供了重要的支撑。国际海运业界因竞争需要，为削减运营成本，主要船运公司积极推进在主干航线上投入大型船只和停靠港的集约化。现在8000标准箱（TEU）乃至12000标准箱（TEU）级的超大型集装箱船已投入运营。国际贸易上因船上交货价（FOB）和到岸价（CIF）价格差较大，曾构筑起"空间壁垒"，保护了国内高成本生产者，船舶大型化、高速化、集装箱化以及国际规则的制定、航线的设定、气象预测等，船舶安全得到提高，大幅降低了运输时间和运输成本，大大缩小了FOB与CIF价格差，进而缩小了海外产地与国内市场之间的经济距离。

在资本层面上，资本扩张表现为跨国公司追逐利润最大化，利用资本实力和技术优势推动着经济全球化迅猛发展，即生产适地化。在国家层面，维持利益基本平衡成为参与全球化基本尺度，表现为贸易平衡。在非均衡的世界中，"华盛顿共识"的"主要建筑师"们筹划出的全球体系，其实，无论在资本层面还是在国家层面，发达经济体都是最大受益者。他们不断推进技术更新，创造出新的需求，促进着生产效率的提高，使得发达资本主义国家保持经久不衰的活力。伴随运输革命的全球化，在国际分工中推进创新研发中心的集聚与生产中心的集聚分异，发达国家实现由"厚重"的材料型生产向组装型生产转变，通过技术优势占据产业链的高端，占领世界市场。近年来，全球化迅速推进，产业在全球范围寻求适地化生产，即所谓"后工业化""去工业化"，推进服务经济发展，集聚创新资源，通过技术转让获得巨大的利润空间，使得发展中国家陷入"追赶的陷阱"中。发达国家创新成果转化为新兴产业，使得对外转移传统产业成为必然。资本主义生产过剩的危机，通过经济全球化将传统产业在过剩之前就已转移出去，似乎生产过剩危机与其无缘。当前，普遍观点认为，发展中国家应该适应资本的逐利参与经济全球化，全球化似乎成为世界秩序的必然，甚至成为我们相关研究乃至政策制定的语境。其实,将经济全球化视作资本逻辑的"必然",忽视其"必然"是对资本放任的结果,因而,将经济全球化作为绝对语境,讨论构建经济运行结构有失偏颇。

(三) 全球化分工体系与全球经济主体的利益局限

经济全球化与市场化使得国际间优势资源能够得到有效整合,然而,所谓的生产适地化,只是相对于资本盈利空间或运输成本的世界结构塑造。经济全球化的结果是,以产品价值链为基础的国际分工与专业化演进的深化,发达国家经济趋向服务化。在经济全球化过程中,名义上各国都是平等的经济体,遵循同样的游戏规则,在国际分工中有各自的比较优势特点,但"比较优势陷阱"理论认为,这种平等是表面的,实际是不平等。对于劳动密集型产业,发达国家可以实现资本、技术对劳动力的替代,以高素质的人力资本为核心的高级生产要素,发挥创新、降低成本的功能,可以发展替代日益短缺的初级生产要素的材料和高效用的功能性产品,以提高附加值和竞争力。因而,新自由主义是对躁动资本的逻辑辩护,漠视主体利益对等的前提,在地区层面上,区域参与全球化合作,必然需要有条件地维持生产力发展,还需要保护生产力,双边贸易平衡则成为基本平衡尺度,然而贸易平衡并不意味着公平性和合理性。在发展不平衡的世界中,参与全球化分工,必然意味着一种经济社会结构的形成,即生产与消费的脱离,生产主要不是为了自身消费,而是以廉价的劳动为发达国家提供福利,进而促进着资本的财富集聚。因此,单纯的贸易平衡不成为经济运行的基础,或取代生产—消费的经济运行结构逻辑。在资本和市场逻辑下,世界范围的技术发展不平衡和资源禀赋差异,形成暂时的国际分工体系,由此,发生产业转移和地域功能更新。因而,在全球化体系中,生产中心的集聚意味着结构性风险的集聚,是生产过剩危机的根源。发达国家将传统产业转移出去是危机风险的转移,然而却集聚了结构风险,即产业空心化,引起社会就业等一系列问题。

三 在技术趋近平衡中重塑地域生产—消费结构——经济生态的必然需要

（一）技术主导劳动价值体系与世界性经济波动

人离不开资源，资源相对于人的利用能力而被赋予价值，利用资源的能力取决于技术实现的程度，因而技术改变着资源及物品的价值，从而改变了生产方式和生产的空间布局。从全球视角看，技术的波动引发世界生产中心的变迁。生产与消费是经济循环的基础，经济全球化和市场化推进生产适地化，使得生产地与消费地的分离，因技术和资源的地域差异，在国际分工中发展中国家倾向于较低劳动回报的劳动密集型产业，也可成就一个世界工厂，生产主要不为本国民生需求，而是为发达国家提供社会福利，从而抑制生产地消费需求。发达国家因劳动成本高而选择高技术化，或将传统劳动密集型产业转移出去，通过世界工厂获得基本生活物资补给。高技术产业主导的现代产业体系，排斥劳动力，推进服务经济的发展，参与社会财富再分配。经济全球化背景下，技术的地域不平衡和技术创新突破的缓急直接影响到经济运行，影响着暂时的世界秩序和结构的稳定，引起整个社会生产体系的振荡。首先，技术推进生产高效化，伴随技术扩散是产能的迅速扩张，引起产能过剩，而技术一旦停滞，不能创造新的需求，便是世界经济秩序和结构的危机到来。其次，新兴经济体在加速技术追赶，已成为重要的技术创新源，创新中心趋向分散化，创新资源在全球范围整合，同时，新技术将以新范式改变生产格局。然而，重要的是生产不能脱离消费，生产—消费结构是世界秩序的根基，也是地域经济结构的基础。在发达国家主导的世界秩序中，经济全球化成为其全球利益的关键所在，从而极力推行自由价值理念。在不平衡到平衡的有序化过程中，形成的交互收益的利益机制，使经济社会结构矛盾被极大地淡化，从而放大了自由主义功效。而当技术发展趋缓，则经济循环的结构问题便浮现出来，即便在国家层面实现贸易平衡也不足以改变其国内的结构问题,即财富集聚与失业的矛盾。没有新技术创造新需求,便是发达国家需求减少,发展中国家的产能过剩,而内需又受制于工资收入。因而,全球化分工形成的区域结构成为国家不平衡的社会结构问题根源,引起诸如区域发展的不平衡和城乡差距拉大。

(二) 经济体的结构性危机与贸易保护的实质

技术创造新需求,便创造着就业,同时技术提高了传统产业的生产效率则又排斥就业,全球化产业转移更是影响或威胁到就业,致使发达国家劳工界反全球化运动。贸易保护成为一些发达国家反全球化者的主张,为维护本国利益对发展中国家采取的一种贸易政策。一些西方学者,包括曾获得诺贝尔经济学奖的莫里斯·阿莱等都竭力宣扬"经济全球化对发达国家危害论",他认为"全球化是陷阱",是"对民主和福利的进攻",把发达国家的失业问题、工资和收入水平的下降都归结为经济全球化,归咎于发展中国家[①]。从资本的逻辑视角看,经济全球化是合理而且必然的选择,从资源整合和技术传播视角看,经济全球化有利于不同经济体或经济主体在不均衡的世界中获取发展的动力和空间。而从经济运行结构视角看,全球化则破坏地域经济生态,即生产和消费的分离,呈现出资本的财富集聚与产业空心化引发失业问题,以及低工资制约消费需求问题。反全球化有反边缘化理论、贸易保护主义、比较优势陷阱理论、民族主义理论等。早期结构凯恩斯主义学者认为,劳动者工资挤压与收入分配恶化对实体经济的损害是一个凯恩斯主义的总需求问题,经济停滞的根源是收入分配恶化导致的总需求不足。

(三) 经济体的经济生态构建与国家的经济政策态度

在资本逻辑框架下,财富集聚的另一面是劳动回报的趋弱,影响

---

① 郭彩霞:《反全球化运动的理论基础》,《中共福建省委党校学报》2007年第4期。

到经济生态平衡。全球化打开了地域经济体系，外需成为其经济发展的重要动力。先发国家曾以技术优势主导商品生产，成为世界生产中心，过剩生产通过外部输出，确保国内经济进入大量生产、高收入、高消费的经济循环，财富集聚与经济生态不构成明显矛盾。而当前全球化引起的生产适地化，发展中国家因源源不断的剩余劳动力供给，以致长期以低薪酬为世界提供社会福利生产，导致民生需求得不到很好的改善。而当剩余劳动力出现拐点时，中国的产能扩张却引起世界产能过剩，而不扩大生产则又势必影响到就业和城镇化。外需仍为地方经济动力，而这种外需动力效应与早期发达国家走过的道路不能同日而语。当前，我们必须重新认识全球化，如毛泽东始终认为的"对外贸易只能起辅助作用，主要靠国内市场"[1]。低水平的竞争只会引起国际贸易摩擦升级，况且发达国家是全球化规则的制定者和最大受益者，反全球化呼声却很高，极力主张政府部门实行贸易保护主义政策。为维护既得利益和获得更多的利益，设置技术等级、卫生标准等非关税壁垒，以反倾销、反补贴来实行贸易保护。金融危机后，西方国家为提高就业率，促进经济增长，实施了"再工业化"政策，重新把工业置于国家发展的核心位置，提高制造业比重，如选择发展清洁新型能源、发展劳动密集型产业，鼓励研发和支持中小企业发展，等等。我国外向型经济引起的产业集聚造成沿海城市超常扩张，结果使地域发展结构不均衡。世界范围的技术不平衡和资源禀赋差异，在资本和市场逻辑下，形成暂时的国际分工体系和结构。在当前的世界经济结构以及国内结构转型时期，必须立足于经济结构的合理，发展科技创造新需求，提供新空间；推进城镇化，构建地域经济平台载体，合理布局产能，推进服务经济发展。中国面临应对要素成本上升的产业结构调整，学界提出警示：要重视制造业的发展，防止产业空心化和虚拟化；加大创新投入，发展先进制造业，抢占产业价值链的

---

[1] 《建国以来毛泽东文稿》（第7册），中央文献出版社1992年版，第641页。

高端位置等①。分工是社会高效化的基础，分工并不意味着分离。创新是经济发展的核心机能，而创新是发展中国家的弱项，最根本的制约因素是生产者服务的内部化现象严重。因此，发展服务经济并不排斥实体经济，而是更好地服务制造业发展。

四　区域利益平衡与经济结构平衡的消长——世界秩序的矛盾实质

（一）全球化的经济秩序与经济结构的基本逻辑

世界分工经历了由以资源地与资本—技术一体的生产中心分离的产业分工，向生产要素资源和技术创新资源空间分异的产品层次分工（产业链分工），再到工业生产与服务生产分离（去工业化）的结构转变。经济运行的基础是生产与消费的平衡，因技术和资源的地域差异，资本成为推动世界经济发展有序化的动力，推进着全球化和生产适地化。由此，在价值架构下，实现地域间技术与要素配置的平衡，而这种平衡引起不平衡贸易，从而遭到经济体的抵制，为求得贸易的平衡，发达国家逐步将基础性产业（如重化工业）转移出去，以高技术引领组装产业的发展，由此，生产中心即技术中心，通过技术优势和世界范围的需求，促成世界经济中心的形成，构筑起中心与外缘的世界结构，并在世界贸易中获得超额利润，生产中心因外需和利润的刺激，迅速实现劳动要素的集聚化即城镇化。在这种世界分工体系中，资本和劳动都能获得收益，生产地的过剩产能通过外需输出，实现高收益，并加速推进工业化与城镇化进程，实现高工资、高消费和高增长的经济循环，城市功能进一步完善，经济趋向服务化。财富集聚与居民生活消费不构成直接的社会矛盾冲突。全球化在中心—外围结构中，为资本打开财富集聚空间，适应了资本趋利本性，成为新自

---

① 孟祺：《美国再工业化的政策措施及对中国的启示》，《经济体制改革》2012 年第 6 期。

由主义理论根基，据此逻辑延伸便形成意识形态，推进世界自由化改革。发达国家资本为求得利润最大化，推进产业跨国转移，保留技术创新中心不断的技术革新，创造出层出不穷的需求，形成产业链上的世界分工。全球化过程中发展中国家欲通过全球化获得技术扩散，参与到世界分工体系。中国选择对外开放，通过廉价生产要素参与世界分工，在全球化生产分工的结构中，形成沿海地区特殊的区位优势，造成劳动力要素流动取代产业的内地转移，固化低成本工业化和高成本城镇化结构，最终形成区域差距和城乡矛盾。低成本工业化即低工资，导致内需不足，民生得不到很好改善，最终影响到城镇化，也影响到农业现代化进程，而社会结构问题成为当今我国最大的现实课题。

(二) 技术创新与全球分工体系及经济生态危机

技术发展的波动引起世界生产中心的变迁。技术推进产品生命周期演进。技术创新从两个方面加速推进产业发展，一是创造新产品，创造新需求；二是技术提高传统行业的生产率，创造出更多社会福利，迅速满足市场需求。当技术提高了生产效率时，没有技术创造出新需求，便是迅速的产能过剩。在这后危机时代，期盼着新技术革命催发一场工业革命，发达国家企业在以零库存应对迅速产品或技术更新升级，轻装以待。我国集聚着巨大的产能，遇到外需不足，也碰到内需不足与民生有待改善的尴尬。新工业革命还只是学界议论的热点，新自由主义推进的全球化和生产适地化，将制造业转移出去，却导致产业空心化，即便在国际贸易中通过高技术产品出口保持贸易平衡，因高技术排斥劳动，从而一面是高技术实现着财富集聚，一面是失业扩大，经济服务化在一定程度上实现着财富再分配，而生产—消费相脱离乃成为地区经济社会结构恶化的根源。当下，技术革新在部分领域延续，尚未量变到发动一场工业革命，在发展中国家工业和技术追赶下，发达国家在资本与民生的复杂关系面前不得不重新思考自由主义的全球化政策，采取技术保护或者贸易保护主义，维护其生产力的新兴产业，同时通过再工业化化解就业矛盾。世界创新中心趋向分散化，技术创新更多源自于集成创新，新技术出现会迅速在全球扩散，新兴产业迅速在全球范围出现产能过剩。美国仍是现代技术创新的中心地，科技创新、页岩气革命和新能源产业引领的美国经济"新西进运动"正在改变美国的经济结构，成为带动经济增长的新亮点。中国经济增速趋缓，要素成本快速上升，企业的成本优势被大大削弱。因国内外产业技术差距大大缩小，所需的技术都是国外企业现用技术，购买难度加大。在全球竞争中，中国的制造业必须提高生产率，重构自己的竞争力基础，从成本优势逐步转到技术优势、品牌优势或服务优势上来。

（三）全球化经济生态重构与中国的对策思考

世界存在资源和技术的不平衡，在资本逻辑下，生产和消费趋向分离，贸易平衡成为区域利益的平衡依据，成为世界秩序稳定的前提。而这种平衡是一种扭曲的平衡，在地域高速增长期，资本和劳动均能获益，社会财富分化对经济影响效应不明显，而当经济增长停滞，结构问题便显现出来。由此，利益平衡必须回归到结构平衡上来。发展中国家和发达国家都必须选择以就业为中心的经济增长模式，关注利益再分配。自由主义只是资本功能的神话，经济自由化不能确保区域利益平衡，即便利益平衡（如国际贸易收支平衡）也不能化解区域结构问题。有人指出，2008年金融与经济危机标志着新自由主义经济学的终结[1]，也质疑凯恩斯主义救市政策的有效性。发达国家的再工业化是经济结构合理化的需要，发展中国家经济内需化和发展服务经济是其经济生态合理化的必然选择。我们自然不能作为自由化思潮的忠实追随者，把全球化作为发展经济的逻辑起点，固守阵地，必须回到保护生产力与发展生产力，回归到民生利益，即回到

---

[1] 李炳炎、王冲：《当前世界经济危机与新自由主义的终结》，《探索》2011年第3期。

经济自身的生产—消费的逻辑基点，以内需拉动经济社会发展，推进城镇化建设，从而推进农业现代化。实体经济是国民经济基础和重要支撑，不能因欧美等国家的"再工业化"，而担心我们的产业"空心化"，从而困扰发展服务经济，抱着过剩产能不放，阻挠过剩产能的退出。必须适应发达国家"再工业化"，重新布局产能，退出过剩的落后产能，大力推进服务经济的发展，把改善民生作为经济发展的动力和工作的重点。全球化遭遇着种种责难，因而，这种自由主义主导的秩序能否得以延续，我们不得而知，但全球化将不再是一种固化的世界经济秩序。

第二章

中国问题实质：结构转型中价值实现与效率实现的困惑

公平与效率是人类社会追求的两大价值目标，公平与效率的关系涉及财富的创造与分配。社会主义制度优越性必须体现公平与效率的有机统合，并且，通过发展公共事业和社会保障制度达到一定程度的社会公平。制度的理论基础——马克思劳动价值论的社会必要劳动时间既体现公平支出劳动的公平观，又规定了平均的生产效率标准，体现了公平与效率的有机统一。

公平与效率历来是国家权衡政治与经济发展的重要指标，也是学界探讨的永恒主题，因两者概念内涵分属不同的范畴，常出现在政治学或社会学语境中，无法在逻辑上寻找到可量化指标，因而，只能依赖模糊控制的操作性政策，诸如"优先"与"兼顾"，多局限于宏观的政策方向探讨，强调分配关系的公平与效率，却缺乏可操作的理论根基。"效率优先，兼顾公平"过分强调效率而忽视公平，但无论从理论还是实践看，效率优先显然不符合社会制度的内在要求。伴随着社会的急剧转折，中国出现了许多严重的社会问题，必须确立"公平与效率并重"的价值取向，以促进社会的和谐与发展。

公平与效率通常是在政治语境中被使用，从经济学角度看，它体现为价值实现与效率实现问题，从社会生产者视角看，工资为劳动力价值实现程度的重要表现形式。价值理论是政治经济学理论体系的基石。价值是客体具有的能够满足主体需要的属性，价值实现则是这种属性作用于主体的过程及其结果,也是对过去价值的最终确证。探讨价值实现问题必须回溯市场交易原则(规则)所蕴含的逻辑假设,在新的时代背景下产生怎样扭曲,形成什么社会后果。

中国经济、社会的发展过程是一个持续转型的过程,转型的终极目标在于价值实现和效率实现。价值实现与效率实现相背离成为当今我国发展的困惑之所在,表现为效率脱离民生改善,两部类生产中价格无关效率,失衡结构中价格行为无视价值等。经济领域的价值实现体现为劳动回报,是社会公平的关键。价值受技术发展水平和资源获取能力制约,微观经济主体正是通过技术(包括组织方式)实现经济效率,达到改变宏观层面的单位物品的价值量,并创造出社会效益。然而在我国社会转型中,经济社会系统呈耗散结构,因特殊的利益(价值)输出,系统无法回到平衡状态,乃至丧失自组织的进化机能,形成固化的结构体系,致使价值实现与效率实现背离,由此,制约着经济社会结构优化。

本章力图从经济学视角,以价值实现与效率实现概念深入探讨我们在经济社会转型过程中的困惑及其实质。研究不局限于地域范围内的微观经济活动,从更宽泛的国家经济体系、区域结构的视角把握结构问题的实质。

一 价值输出的耗散结构中的受控导致消费抑制:效率脱离民生与社会结构分化固化

(一) 倚重积累和优先发展重工业,效率无关直接民生的社会结构形成

困扰中国经济社会发展的是生产力落后。中华人民共和国成立初,亦即工业化初始阶段,为确保国家独立与经济独立,首要目标是建立完整的工业体系,政策核心在于优先发展重工业,实行工业化追赶。在国际封锁下,社会生产呈相对封闭的系统,因生产力水平较低(即低效率),在整个社会生产结构中,要素资源配置相互钳制。农

业基础薄弱，粮食生产不稳定，还不能放开手脚搞工业，即劳动配置上呈现低效率下的一种平衡。该时段的工业化就是工业原始积累过程，意味着消费抑制。在工业建设方面，优先发展重工业必然削弱轻工业的发展，而轻工业直接关系到居民消费以及直接民生改善。在生产上，表现为消费品生产的抑制，通过供需环节形成工农产品间价格上的"剪刀差"。毛泽东虽强调工业体系上的国计民生标准，重视科技，要求"打破常规，尽量采用先进技术"，然而工业积累时期，毕竟表现为消费生产的不足，积累的多寡表现为扩大再生产的投入和基础设施建设的投入。因而从系统结构角度看，社会生产系统呈受控状态，通过积累这一吸纳体系调节，工业生产效率的（可能）提高，但不表现为直接民生福利改善，民生改善只体现为政策上的"仁政"[①]。因为生产力水平的制约和工业积累的需要，农民和工人消费都不高，差距不明显，在技术上的生产力水平有限的情况下，社会效率改善即组织化的效率改善，只能依赖发挥个体的劳动参与积极性，即增加劳动强度。毛泽东领导时期也关注农业生产效率，从工农业结构关系的视角指出，"农业就是工业"[②]，强调工业化"也包括了农业的现代化"。视合作化（即社会化大生产）可有效提高农业生产效率，指出先合作化再农业现代化。农业现代化是工业化的后期发展，需要消除农民的土地束缚，毛泽东指出，"必须先有合作化，然后才能使用大机器"[③]，构想了以人民公社为单位，发展农村工业，让工农协调发展。结构转型是一个系统工程，先合作化再工业化只是逻辑上的先后，因工业技术尚不成熟，农业现代化不能及时跟进，造成制度结构性危机。在集体经济条件下，没能处理好效率与民生关系，在没有技术支撑的效率下，最终，无法持续发挥个体劳动者的劳动积极性。价值创造首先在于劳动的投入，而从横向的世界视角看，我国在技术追赶的自我否定过程中，劳动投入的社会效应是极低的。

---

① 毛泽东将发展重工业视为大仁政，将发展轻工业视为小仁政。
② 《毛泽东文选》（第7卷），人民出版社1999年版，第200页。
③ 《毛泽东选集》（第5卷），人民出版社1977年版，第181页。

工业化过程是社会结构转型的过程，通过工业吸纳农村劳动力实现就业转移，从而推进城镇化，即农村人口比重减少，城镇人口比重增多。然而，抑制消费的生产体系，必然丧失市场应有的活跃，从而制约城市基本功能的完善。另外，为缓解城镇压力和确保粮食安全，实行工农二分的社会管理政策，因农业容纳劳动力的弹性较大，从长跨度看，过快的人口增长使得工业化局限于城镇内部就业消化，农村因新增人口的迅速填补，工业化丧失带动城镇化功能，城镇化效应不能显现。因此，在工业化形塑社会结构的过程中，工业化模式决定社会结构转型和优化，效率与民生相脱离则导致并固化着二元化社会结构。

（二）市场化和低工资的外向型经济，生产不为自身消费的经济结构瓶颈

社会运行的基础是生产（即劳动），在于创造社会福利，生产即价值（财富或福利）的形成过程，生产能力体现在劳动投入和效率上，即两者的乘积。对于社会财富积累来说，扩大社会生产意义重大，关键在于如何发挥既有的劳动要素的资源优势，投入生产中去。由于结构瓶颈，经济运行受制于"贫困的恶性循环"（纳克斯）、"低水平均衡陷阱"（纳尔逊），才有了"不平衡增长"理论的诞生（赫希曼）。为寻找我国经济运行的"第一推动力"（牛顿力学），推进改革开放。改革开放后，发展外向型经济，让廉价生产要素进入世界生产体系，打开了我国的经济生态，似乎找到了"第一推动力"。然而，这种经济生态表现为生产地与消费地的分离，在宏观层面上体现为通过产品输出（来料加工等）的产能释放，即生产主要不是为满足自身消费，而是更广域的世界需求。经济增长通过廉价劳动参与世界分工，体现为外需带动的投资拉动。廉价劳动意味着对消费的抑制，亦即消费与积累或财富集聚的不对称。从系统结构层面看，生产上体现为持续的劳动要素投入，即源源不断的农村剩余劳动的输入和生产的产品通过外需的输出，系统处于耗散结构状态，无法达到生产

与消费的平衡,生产效率与收入关联性(即民生)极弱。市场化改革后,使得经济主体多元化,积累表现为资本的盈利,即资本的社会财富集聚,宏观政策寄希望于社会资本的私营企业参与社会生产投资,推进经济扩张,产生较好的社会效益。在技术引进或扩散中,工业生产即使效率提高了,也与劳动收入提升关联性不大。

让劳动资源参与到社会财富的创造固然重要,但效率更为重要,决定着社会财富的多寡。效率源自于劳动本身的积极性和技术因素以及节约(如结构性浪费等),而生产终极目标乃是民生改善。效率发挥与结构变迁紧密关联,因系统的外部输出,破坏了工业生产与消费趋向平衡的价值实现,造成生产中劳动价值扭曲;另外,工农二分的社会结构,在要素配置上缺乏流动性,农业生产因剩余劳动,造成长期农业产品价格不反映劳动价值,形成积累性农业劳动价值的扭曲。粮食需求问题基本解决后,多种粮无益于农民问题的解决,即勤劳不能致富,粮食过剩造成价值扭曲,导致粮食价格长期依赖政府保护。家庭联产承包责任制曾发挥过农业在分散经营上的效率极致,但它是小农经济在一定程度的回归,因粮食相对过剩引起的价值扭曲,使得农业在分散经营条件下,改善生产效率的成本较高,甚至无利可图,难以重回到为解决温饱时所体现出的积极性,也不为产业资本所关注。因而,价值得不到实现,效益则无法改善,劳动积极性、技术效率必须与民生改善相同步。因此,在经济发展的特定阶段,效率与价值背离是结构问题的成因,而在经济转轨中,结构的量变过程则成为效率实现与价值实现的瓶颈,从而制约着我国经济社会健康有序发展。

二 非交互效率传递的工农两部类生产的价值平衡:价值无关效率与"四化"结构调整

(一)"四化"不同步的结构制约,劳动价值回归途径无关生产效率改善

城乡经济二元结构问题源于价值实现与效率实现的部门间要素流

通的阻隔和不同步。刘易斯二元结构理论揭示发展中国家农村剩余劳动力的劳动边际生产率等于零，农业部门为工业部门提供无限的廉价劳动力，直到全部转移为止。我国经济社会结构有其特殊性，维持系统结构层面上的相对平静，然而，从国际视角看，外需的输出释放工业产能却制约了地域（国家）市场结构趋向平衡，维持着一定程度的价值扭曲，从而维持长期稳定的低工资，有利于资本积累，却造成工业化依赖外需的产能扩张，劳动收入与效率无关，也无须刻意改善效率。

技术可提高生产效率，降低单位产品中的劳动价值量，亦降低劳动强度。从工业—农业结构关系看，若当工业生产效率不断提高，农业生产效率未获得改善，工业劳动强度的下降意味着农业劳动价值的相对上升，因而农业劳动价值扭曲是一个积累性扭曲，又因价值扭曲使得提高效率的成本高于劳动成本，在此格局下，即便农业生产率有所改善，那也只是在产生更多的剩余劳动力。从而，在劳动价值回归或价格趋近平衡的过程中，农业单位劳动创造的社会福利没有明显增加，而粮食价格上涨幅度却很大。在国内—国外和工业—农业的两重结构中，存在两重劳动价值的扭曲，在劳动市场化配置过程中，因系统处于受控状态，整体劳动价值回归最终需要依赖农村劳动收入的提高，即依赖"三农"问题的解决。从马克思劳动价值理论视角看，劳动价值的平衡是源自于劳动投入的数量指标，而两部类生产（即农业生产与工业生产）是满足不同方面的需求，粮食需求弹性较弱，而工业产品需求存在较高弹性，空间拓展性是开放的。粮食需求满足后，继续投入不构成投入—收入的增函数关系，长期剩余劳动积压使得农产品价值扭曲，扩大农业生产已无利可图。经过劳动要素的流动化，劳动转移获得农业外收入，使得农民收入多元化。在持续的外需拉动下，农村剩余劳动力释放达到了新的结构性平衡，即农业劳动投入加其他收入来源与专职工业的劳动收入持平。农业生产的主体主要是个体农民，是农业的劳动者或称为经营者，在农业分散经营背景下，这种平衡意味着在同等劳动强度下的劳动价格平衡，表现为从事农业生产的劳动力价格上涨，而非通过生产上的技术或规模化经营等效率改善来获得收入增加，传递到农产品价格上，即农产品价格普遍上涨。劳动配置的平衡化结果，是劳动价格趋向平衡，使得农业生产副业化，实行粗放经营减少劳动投入，最终，通过供需结构实现价格上涨。

农业经营受结构制约，当下粮食价格上涨是农业劳动价值的回归，缺乏以效率为主导的经营机制。这种不依赖生产效率提高的劳动价值回归的平衡势必影响到包括城市居民在内整体居民生活成本，由此引起城市居民要求劳动工资上涨的压力。由此，两部类劳动价格调整的交互影响则导致竞相涨价呈胶着状态，资本试图延续传统积累模式，使得整个物价体系显得紊乱，使得城市服务价格依据自我期望的收入或盈利目标实行定价，与竞争性效率改善无关。

（二）产业整合制度创新的局限性，劳动市场化配置过程无涉产业整合

工业发展与农业息息相关，源自于农业生产力发展创造出剩余粮食和小农经济的分化。历史上许多国家的工业革命与农业革命休戚相关。而农业的生产组织方式也深刻影响着工业化进程。先发资本主义国家通过"羊吃人"的方式使小农经济崩溃，逐步实现产业整合和劳动资源向工业的配置，逐步实现农业产业化经营。中华人民共和国成立初，我国构想通过生产合作化走集体经济道路，推进工业化和农业转型发展。改革开放后，为了发挥农民自主经营的积极性，农村实行家庭联产承包责任制，即对小农经济的一定程度回归。在市场化推进过程中，劳动力资源获得一定程度的流动。当工农业劳动价格趋近平衡，微观经济生态发生明显的变化，劳动价格与资本盈利构成博弈，资本或经济主体试图延续传统积累模式，衍生出收益锁定定价法，与经营的生产效率无关，从而导致社会价值体系的混乱，自由提价成风。提价机制与价值无关，无视价值实现，沿袭不依赖技术的效率改善而谋求获得财富的集聚。财富集聚势必削弱消费实现，扭曲的价格引起扭曲的市场，从而形成扭曲的经济结构。

需求是经济有序发展的动力源泉，现实需求源自于劳动力价格和劳动价值的实现，劳动力价格是否引起物价的通胀取决于生产效率。因而，在作为世界工厂的开放系统中，就须以提高劳动力价格实现居民增收，而在相对封闭的地域经济结构系统中，有必要依赖生产效率提高，降低成本从而实现福利改善，进而有利于社会发展进步。劳动通过要素配置上的平衡达到劳动的价格平衡和价值实现，资本初参与，源自经营层面的效率改善，获得收益差，达到利润实现，资本深入介入后的价值实现还取决于劳动与资本的博弈结果。当下，我国农业经营主体为传统农民，既是劳动投入者，也是经营者，还仅处于满足综合收益的平衡，而非通过资本的商业化模式以寻求资本的社会平均利润或以上的回报，是经营收入纳入工资收入范畴，仅求得劳动要素层面趋近平均社会劳动价格。正是因经营收入与劳动投入（类似于工资）的叠合视作社会平均工资时，这必然要求社会工资收入上涨。结论是这种平衡为农业经营中的社会请工工资支付＝农业经营收入，所以，农业在当前的体制下只会走向粗放经营。另外，因农业经营收入和劳动投入的叠合视作工资标准，推高社会劳动工资的上涨，从而进入恶性的工资上涨与物价上涨，进入"通货膨胀"周期，与信贷、货币政策无关。而许多研究者偏向认为是信贷资金或热钱过多的问题，要求财政紧缩，其实不然。一方面，多数资本源自于多年来的财富积累，与信贷无关；另一方面，主要源自于生产者层面的价值实现方式。流通环节只是一般市场化运作的成本问题，将农副产品价格上涨归罪于流通环节问题，并非问题的实质所在。

农民收入多元化，改变了对农业生产的一元性依赖，进而快速达到劳动价值回归。伴随工业化发展，农村剩余劳动转移释放，近年刘易斯拐点初步显现，该拐点是农业在一定技术水平下所达到的一种剩余劳动释放的平衡点，农民工工资出现上升。由此，农业生产由低效率的精耕细作转向农地粗放经营，农产品价格出现多波上涨。农产品价格持续上涨，是农业劳动的价值回归，可使种粮变得有利可图。但依靠涨价的低效率农业生产力，无益于整个社会发展，还会引发整个经济系统的通胀。因此，在此关节点上，推进农业现代化，提高生产效率显得非常必要。农业现代化体现为以企业为主体的农业产业化经营，通过规模经营降低生产成本，使组织化生产效益大于个体经营效益，从而析出农业剩余劳动力。然而，在低成本工业化高成本城镇化条件下，农田成为农民最大的福利保障，退出难度较大。效率提升源自于是否有利可图，而当有利可图时则增加个体农民的退出难度。劳动资源"稀缺化"，只是源自于两部类生产的效率低下。

三 结构失衡中非倚重效率的价值困惑：价格无视价值与结构政策导向

（一）结构量变节点的市场失灵，劳动配置趋向平衡中价值与价格乱象

价值是人赋予的，依据人的内在尺度，即事物所体现出的有用性或效用。在新古典主义经济学视角下，物体的价值是在一个开放和竞争的交易市场中的价格，主要决定于对该物体的需求，而不是供给。因而，破坏充分竞争的环境或垄断都构成对价值扭曲，这是自由主义价值观的基本取向。马克思主义政治经济学的观点认为，价值就是凝结在商品中无差别的人类劳动，即商品价值。将价值分为使用价值（给予商品购买者的价值）和交换价值（使用价值交换的量）。在市场交易条件下，物品价值体现为该物品的资源获取能力和利用能力。价值实现存在主观赋予成分和客观的技术实现程度以及客观控制获取能力等成分，因此，个体价值偏好、不合理的市场秩序、技术实现程度都会导致价值波动。在波动的价值背景下，资源价格常扰乱价值实现，资源配置的不均衡则导致价值扭曲，甚至颠覆传统的价值信条，如勤劳不能致富，而这些价值信念触及社会伦理规范。

两部类劳动要素配置上的平衡，通过市场放开逐步实现。不平衡趋向平衡，是市场的功能所在，是结构趋向合理化的过程，实质就是

社会结构转型。劳动价值回归依赖于农村劳动力转移以及农村家庭收入多元化而逐步实现。工业化推进了劳动力转移，然而低成本工业化（即低工资）弱化了生产与消费，乃至城乡、区域结构关联性，并未有效带动农村居民城镇化。当前的农业经营，不是依赖经营的效率改善，因用工成本上升而趋向粗放经营，粗放经营有助于价值实现，即通过供需结构达到劳动价值实现的平衡。价值实现未必一定带来社会福利的增加，效率实现至关重要，当前，就生产力效率而言，农业现代化变得必要和可行。相关研究指出，农业现代化是农业的出路，是城镇化健康发展的基础与途径[1]；工业化与城镇化需要农业现代化的支撑和保障[2]。农业现代化只是社会转型的一个方面，问题不是保障与否，城镇化也不是目的，关键在于如何实现结构合理化，促成价值实现与效率实现。

当前的劳动要素配置平衡还只局限于工农劳动收入关系层面。市场化改革后，工业积累体现为代表资本的各经济主体在市场经济背景下获得盈利。资本运行逻辑在于追逐生产过程中的效率差异引起收益差，而通过外需的产品输出和剩余劳动吸纳过程，使得整个经济体系处于"受控"状态下，维持着动态平衡，实现利润锁定，从而影响系统内部生产与消费的结构平衡，资本实质上通过低工资已经实现了资本积累。而这种资本积累已不同于早期工业积累的性质，对扩大再生产的资金需求，更多地体现为社会财富分配上的不均或不平衡，因为财富积累主体已不是代表全民所有制的国家。在世界经济环境恶化背景下，这些资金为寻求投资回报，即所谓的"热钱"，如房地产投资偏热。恰此节点，劳动资源配置达到了新的平衡，即农村剩余劳动力极大释放。在劳动配置趋近平衡中，相关产业的过热或垄断性都会造成结构性不平衡，也导致劳动价格的上涨，并传递到粮食、食品价格和用工价格上。在此结构转型的价值回归过程中，经济主体试图通

---

[1] 刘玉：《农业现代化与城镇化协调发展研究》，《城市发展研究》2007 年第 6 期。
[2] 徐大伟、段姗姗等：《"三化"同步发展的内在机制与互动关系研究——基于协同学和机制设计理论》，《农业经济问题》2012 年第 2 期。

过传统方式将成本通过产品价格转移出去，因而出现普遍物价上涨的态势。由此，造成资源不断涨价的升值错觉，从而传递出对资源的垄断等让市场信号失真或误导。显然，农产品价格上涨实质源自于劳动价值的回归，整个物价体系的波动则源自于价值实现与效率实现的不同步，传统的获利机制试图延续，在劳动配置平衡化过程中，劳动力价格上涨，引起农村普遍粗放经营应对，又如暴利而房地产业过热，改变着用工结构并推高了用工成本。

（二）经济结构与社会结构问题的交织，低效率而价格上涨的应对困惑

工业化和城镇化是社会转型发展的两个方面。需求是经济发展的动力源泉，相关研究倾向于城镇化创造需求。有揭示城镇化蕴含巨大内需，城市消费增长是国民经济增长的持久动力，应培育内需导向型经济[1]，以及提高劳动力价格才是扩大内需的根本[2]。有学者认为，我国的城镇化滞后工业化，基于城镇化能创造需求，地方政府通过土地垄断亦能获得财政收入，需求曲解为房地产需求，也有人推算房地产对经济拉动的影响。在经济增速趋缓的背景下，房地产投资居高不下。城镇化是社会转型的必然，其表象体现为房地产业的繁荣，从而社会普遍持房地产业功绩论，进而忽视该行业畸形发展对整个经济和社会结构的不利影响。也有否认存在城镇化滞后，政府无须刻意采取措施直接推动城镇化进程，只需促进农业生产率和农民工持续增收，发展城镇公共设施和福利[3]。实质上，是低收入影响消费需求，影响到城镇化，乃至城市与乡村的关联性。在长期的低工资背景下，积累主要是资本的积累，造就一批富裕阶层，而非居民收入的积累，结果，出现令人忧虑的社会"未富先老"局面。房地产业主要成为产

---

[1] 辜胜阻、武兢：《城镇化的战略意义与实施路径》，《求是》2011年第5期。
[2] 陈秀梅、黄健：《扩大内需的着力点——提高劳动力价格》，《改革与战略》2011年第1期。
[3] 张士斌：《城镇化与扩大内需的关联机理及启示》，《开放导报》2010年第4期。

业资本投资去处，借助劳动力成本上升引起物价上涨，在货币贬值中确保资产的收益。从居民层面看，高房价掏空居民储蓄，并通过信贷转嫁给消费者，价格背离价值，违背经济循环的健康原则。产业间具有关联度，投资拉动确实能起到稳增长的作用，而产业过度扭曲会造成社会发展的扭曲。在劳动配置趋近平衡中，因产业扭曲的虚假繁荣，造成价值标准无所适从，影响劳动者的情绪，从而影响到传统社会福利生产行业。在无所适从的情况下，国家政策也只能一手制造泡沫，一手挤除泡沫。

诺斯指出，相对价格的根本性变化乃是制度变迁的最重要来源[1]。就粮食等农产品价格上涨，相关研究的解释将其归因于货币政策、供求、成本（主要指化肥等生产资料）、国际价格传导等，结论是调控价格。就劳动力价格上涨与工业发展的关系，有揭示农业劳动力成本向制造业工资水平靠拢的机理[2]，也有研究指出，劳动力价格是打破恶性循环的关节点和经济持续增长动力[3]；劳动力价格是否导致物价上涨主要取决于劳动生产率是否同步[4]；企业能否将上涨的成本传导出去是企业生存与发展的关键[5]。而未涉及劳动价格上涨的实质和持续性。农民收入多元化推进劳动要素价格的均衡化，从而促成农产品价格机制形成。宏观层面，当劳动资源变得相对"稀缺"时，农民才有了决定生产的自由，在技术不变的情况下，粮食价格形成趋向于农民比照劳动投入与社会平均收入安排农业生产，在趋向粗放规模经营中，粮食价格逐步体现劳动价值。

---

[1] ［美］道格拉斯·诺斯：《制度、制度变迁与经济绩效》，杭行译，上海三联书店、格致出版社、上海人民出版社2008年版，第115页。

[2] 中国人民银行课题组：《我国农产品价格上涨机制研究》，《经济学动态》2011年第3期。

[3] 孙立平：《劳动力价格：打破恶性循环的关节点》，《中国社会保障》2005年第12期。

[4] 王雅龄、刘玉魏等：《劳动成本变动对物价总水平的影响——基于刘易斯拐点的纵深回顾》，《广东社会科学》2012年第6期。

[5] 沈建明、陆云航等：《生产成本大幅提高条件下的企业转型升级研究》，《浙江学刊》2008年第6期。

因而在当前农业分散经营的体制下，推进工业化和城镇化是"三农"问题的出路所在，也是推进农业现代化的重要前提。许多先发国家通过让农民破产的方式实现劳动资源流向工业部门，推进农业产业化。传统农业是劳动密集型产业，若不推进集约化、高技术化，在劳动配置趋近平衡的背景下，必将影响农业自身的发展，还影响到制造业的有序发展。

有效需求源于劳动价格及其实现，劳动价格是破解外向型经济结构问题的关键，而相关研究局限于讨论劳动价格对物价的影响、上涨机理及防控物价上涨，劳动价格具有一定的敏感性，因而直面劳动价格上涨似乎束手无策。劳动价格变动的影响可能传导至生产、生活乃至社会结构的多方面。劳动价值的回归在经济系统中，是社会公平性的实现，也是社会财富分配趋向合理化过程，在社会财富既定的情况下，意味着代表资本的经济主体的赢利或财富集聚趋向收敛。当前世界经济不景气，又因内需不足的产能过剩，政策上又要保护低价产品的输出。物品的劳动价值量并不是其社会效益的函数。用工成本的增加可造成农业生产效率低下，即粗放型经营，也可成为促进农业生产高效化、集约化的重要动力。关键是如何引导农业发展的方式。用工成本上升亦可成为倒逼产业升级的关键因素。农业现代化的前提是剩余劳动力转移，当前我国劳动资源"稀缺化"，使得劳动力价格（成本）趋升，剩余劳动力不完全转移下的农业处于兼业化经营状态，不利于提高生产效率。工资提高与生产效率相协调是实质性居民增收和扩内需的途径。收入决定需求，从而决定结构。农民收入与劳动成本不是同一概念，在低效率的劳动价值回归中，农民收入通过劳动价格上涨实现，劳动价格上涨以成本的方式传导至农产品和工业品价格。当前阶段，劳动配置平衡使得农村与城市之间的劳动价格趋近综合平衡，劳动价格上涨引起的物价效应已让制造业部门和城市居民感到很不适应，劳动价格上涨也体现在粮食劳动价格上。社会生产力若不能有效改善（包括农业和工业），便是劳动者与生产经营者针对社会财富分配的博弈，只能通过技术或生产组织方式提高效率，打破劳动配置的结构平衡。

四 价值实现与效率实现是结构优化的方向所在

生产与消费是构筑经济生态的基础。价值在消费过程中实现，从需求层次看，粮食为最基本的需求，其需求弹性较小，拓展空间较为有限，意味着粮食问题解决后，多产粮不能实现脱贫致富，需求更多体现在对生活用品以及公共服务等方面，主要依托工业生产，由此拓展人的需求空间。价值体现为凝结在产品中的劳动量，因而，价值实现是社会运行的标尺或尺度。资本具有逐利本性，在充分的市场竞争中使社会趋向均质化（如利润平均化），因而，市场决定也是社会民主的基础，而技术创新不断打破这种平衡趋势，甚至破坏既有的价值体系，从而获得盈利空间，由于技术效应，拓宽社会福利，推动社会发展。

从整个工业生产环境看，生产与消费处于地域分离，因持续剩余劳动力的补给和生产产品的输出，使得系统处于受控、劳动价值处于扭曲状态。在结构层面上，农业劳动价值的扭曲也钳制着整个扭曲的社会劳动价值的回归。价值扭曲引起的社会财富分配不平衡，也造成技术成本大于现实的劳动成本，不适宜技术效率的改善，另外，系统的利益输出抑制着民生改善，造成社会"未富先老"的困局。价值扭曲易造成勤劳不能致富，导致基本价值标准的困惑，影响着劳动者情绪，最终引起社会价值观的扭曲。社会财富源于劳动创造，解决贫困问题需要发展工业，须将贫困人口纳入工业生产体系中，提供就业机会，创造财富和享受福利。

当前，所有问题都可归结为结构问题，解决结构问题的实质是价值实现与效率实现。价值实现是在生产—消费的结构系统中实现，而系统因输入、输出，呈"受控"状态，维持着一种"受控"条件下的平衡，使得整个系统丧失结构自组织能力，即生产与地域经济圈的关联性不大，亦不利于形成生活圈和经济圈乃至文化圈。城镇化适应集聚经济、规模经济的需要，亦即效率的实现，通过集聚提供优质的城市服务，便构成广义的价值实现。

很多学者仅从微观经济视角谈农民增收，强调农民学技术等，也有把农业粗放经营归因于城镇化过程中，农村劳动力素质的下降。农业现代化看似一场农业生产的技术变革，其实是一场社会结构变迁。农业现代化也仅是近年因结构转型的量变积累而变得必要和可行。农业现代化必须满足三个条件，一是种粮有利可图；二是大量农业人口必须脱离土地束缚；三是技术能力。农业现代化是工业化的后期发展，需要工业提供必要的技术和设备。20世纪50年代，毛泽东构想在农业合作化基础上推进农业现代化，因科技尚未能达到推进农业现代化的条件，先合作化再农业现代化只是逻辑上的先后，又因人民公社去工业化，农业现代化伴随城乡一体化制度构想终归破灭。工业拓展了人类的需求空间，因高效生产而获得高收益，进而吸纳农村劳动力实现就业转移。在外需拉动的工业化背景下，农村因收入多元化，而改变单纯以多产粮的依赖，农民可通过消极生产，形成农产品价格机制。当农村剩余劳动转移达到一个平衡点时，务工收入与农业经营趋近，价值回归导致劳动价格上涨，因农村请工成本高导致农业生产趋向粗放经营，导致粮价上涨。粮食价格持续上涨，有益于农民增收，但不依赖生产效率提高的涨价机制无益于社会发展进步，增加了城市家庭的负担，同时，引起与金融政策无关的整个社会物价体系循环式联动涨价潮。

农业部门对于容纳劳动力的弹性较大。农业劳动剩余与否，不能以土地投入劳动的限度来界定，而是基于价值视角的产业劳动力资源配置平衡的需要，即围绕劳动价值实现。通过市场化生产，转移农村剩余劳动，实现粮价理性回归；通过收入增加带来其他生活需求的增长，从而带动整个经济的活跃，即所谓的经济内需拉动，进而农村居民生活质量得到改善，即脱贫。粮食价格上涨是农业劳动价值的回归，由此导致工业劳动价格上升，劳动价格上涨，导致农业粗放式规模生产，土地利用率下降，造成农产品价格持续走高，这也带给城市人民生活的压力。因而，农业不依赖于技术进步的效率提高的这种价值回归，不利于国家整体的健康发展。在技术不变的情况下，农村剩余劳动获得充分释放，即达到城镇化的平衡点，从反面意义上讲，持续城镇化会影响到农业的发展，但从劳动力构成角度看，仍有庞大农业人口比重，需要及时推进农业现代化建设，提高农业生产效率，析出更多的剩余劳动力。城镇化是地域社会结构转型载体，以创造舒适生活为前提，通过城镇转业，有效整合资源，创新农业生产组织方式，推进农业产业化，有效提高农业生产效益，降低生产成本，缓解粮价上涨压力。农业现代化体现为以企业为主体的农业产业化经营，将农民嵌入农业产业化链条上，确保粮食生产安全。发展地方中心城镇，推进城镇化构筑地方经济、社会转型发展的载体，重新布局产能，缩短城市与乡村距离，从而田园不芜，从而推进价值实现与效率实现。

第三章

历史回顾：中国社会转型与早期工业实践的结构思想

毛泽东作为新中国的缔造者，在经济社会建设方面提出过许多处理问题的思想或原则，在方法论上指导着我国经济、社会工作的推进。而在传统研究视角下，毛泽东思想研究倾向于生产力与生产关系的马克思主义视角的政治经济学分析框架，因在生产关系处理上出现过于政治化等，从而忽视对毛泽东关于经济建设方面的重要思想及其价值的认识。另外，毛泽东思想研究多倾向于具体层面的经济思想和工作原则等，或上升至辩证法高度的方法论抽象。

显然，忽视了介于具体与辩证法层面之间的结构思想。结构思想是一种视角或潜在的更高层面的方法论指导思想，通过对毛泽东具体思想的研究，可以清晰地体现出毛泽东思想框架，更能发掘毛泽东思想之价值。而关于毛泽东的结构思想研究局限于毛泽东对社会结构的认识，即回到政治经济学视域下，生产力与生产关系或阶级关系上。一些研究已涉及产业结构思想，论及所有制结构，生产力布局或农轻重关系等，但局限于毛泽东具体实践层面的原则，如平衡思想，"统筹兼顾""要重工业，又要人民""农业就是工业"等，虽然蕴含了产业结构、生产与消费、区域经济等其结构思想，但较少从结构思想层面理解毛泽东思想。若单就平衡思想而论，在实践中却出现了较大的偏差。结构思想是一种认识视角，对于认识社会转型发展具有极其重要的意义。

第三章　历史回顾：中国社会转型与早期工业实践的结构思想

毛泽东一系列工业建设思想体现为一种结构思想，从社会转型的结构视角把握着工业经济建设的相关环节。毛泽东结合历史发展的逻辑必然性，从解放生产力、发展生产力、保护生产力、民生改善视角，处理在国家层面的结构、区域层面的结构和经济层面的结构问题。毛泽东能从结构的视角把握经济建设，体现出极其重要的实践哲学价值。

一　国家层面的内外结构：社会转型与结构重塑

（一）认识世界中的中国结构，确立工业地位

毛泽东对中国社会结构作出科学的认知。在《论联合政府》的报告中，总结了自鸦片战争以来的历史经验，阐述了中国工业化的基本前提："没有一个独立、自由、民主和统一的中国，不可能发展工业。消灭日本侵略者，这是谋独立。废止国民党一党专政，成立民主的统一的联合政府，使全国军队成为人民的武力，实行土地改革，解放农民，这是谋自由、民主和统一。没有独立、自由、民主和统一，不可能建设真正大规模的工业。"[①] 独立、自由、民主和统一的制度环境是中国工业化发展的前提。民族压迫和封建压迫残酷地束缚着中国人民的个性发展，束缚着私人资本主义的发展和破坏着广大人民的财产[②]。由此，提出"独立自主""自力更生"的实践路线，首先争取民族国家独立，通过国家独立为经济社会稳定发展提供民主的政治局面。第二次世界大战结束后，世界进入两大阵营对峙状态，中华人民共和国成立后，受到英美西方阵营的封锁。在此国际形势下，更强化了我国工业追赶意识，毛泽东提出，"必须打破常规，尽量采用先进技术"，选择以重工制造业为主导的工业化，优先发展重工业。

---

① 《毛泽东选集》（第3卷），人民出版社1991年版，第1080页。
② 同上书，第1058页。

社会存在是历史的产物，在既定结构框架下逐步演变发展。毛泽东认识到，中国的落后源自于没有新式工业化，"要中国的民族独立有巩固的保障，就必需工业化"①"只有工业社会才能是充分民主的社会"②。列宁指出，"大机器工业是社会主义唯一可能的经济基础"，毛泽东认为，新民主主义社会的基础是机器，必须首先实现中国的工业化，而后才能向社会主义转变。由此，确立起工业化在中国的核心地位，推进经济独立的工业化建设。如何发展工业，毛泽东持历史唯物主义观点，认为社会发展动力是人民群众，群众路线成为我党的领导哲学。如何应对社会结构转型与发掘社会发展动力，毛泽东分析社会的结构，以盘活既有的存量资源，从人民一致利益的视角，审视社会结构的矛盾，构建统一战线，抓住攻克主要矛盾的结构思想。

（二）构建民主社会结构，创造工业发展环境

发展经济无非是扩大社会生产和创造社会福利，采取何种生产组织方式，取决于所处历史节点的社会效益追求。因而，如何发展工业关系到制度设定。毛泽东认为，制度是团结的政治基础，通过执行群众路线，推进新民主主义革命再到社会主义革命的制度变迁，调动了群众热情取得工业建设的巨大动力。毛泽东结合历史发展逻辑和中国社会结构转型的需要，指出中国主要还是自给自足的小农经济，资本主义在社会发展进程中是一种进步力量，"由于中国经济的落后性，广大的上层小资产阶级和中等资产阶级所代表的资本主义经济，即使革命在全国胜利以后，在一个长时期内，还是必须允许它们存在；并且按照国民经济的分工，还需要它们中一切有益于国民经济的部分有一个发展"③。在新的社会民主意识背景下，新民主主义的制度设定是政治民主与"经济民主"的合体，是统一战线的政治需要，也是对资本主义的存在价值的肯定。节制资本而又利用资本的新民主主义

---

① 《毛泽东文集》（第3卷），人民出版社1996年版，第146页。
② 同上书，第184页。
③ 《毛泽东选集》（第4卷），人民出版社1991年版，第1254—1255页。

的国家工业化，体现着民主，关注着民生问题，通过与资产阶级合作，维持了私营工商业，从而维持了生产，维持了工人，工人可以得些福利。认为新民主主义的资本主义性质"是革命的、有用的"①，有益于社会向前发展，并鼓励私人资本参与工业建设，通过经济民主和民主管理提高生产力发展，解决民生问题，从而推进生产力解放和生产力发展。如 1947 年国民经济指导方针，"必须紧紧地追随着发展生产、繁荣经济、公私兼顾、劳资两利这个目标"②。中华人民共和国成立之初，工业基础破坏，技术人才短缺，农业破坏也影响到工业，工业处于停产、停工或开工不足的处境，"实行公私兼顾、劳资两利、城乡互补、内外交流的政策"③，调动了各种所有制主体积极参与工业建设，发挥了新民主主义极大的经济恢复作用。优先发展重工业需要国家主导，集中调配资源，适宜计划执行。基于社会结构和国际环境的新变化，加快了生产资料的社会主义改造，1956 年，毛泽东论述"社会主义革命的目的是为了解放生产力"。苏联模式的高度集中的计划经济体制，通过国家力量集中有限资源，保证资源对重工业的优先配置，推进了社会主义工业化进程，为工业化打下坚实的基础，为其后经济制度变革创造前提和条件。对当时处于资源相对匮乏和对外半封闭状态下的中国来说，更需要国家计划作用的体制模式，为重工业优先发展战略的实施提供制度保障④。

（三）确保经济独立，建完整的工业体系

国家独立与经济独立紧密联系在一起，前者是后者的前提，后者是对前者的巩固。毛泽东深刻认识到世界政治经济结构问题，认识到经济独立的重要性，欲摆脱不平衡发展的世界结构中不平等的利益链

---

① 《毛泽东文集》（第 3 卷），人民出版社 1996 年版，第 385 页。
② 《毛泽东选集》（第 4 卷），人民出版社 1991 年版，第 1255—1256 页。
③ 陶鲁笳：《毛主席教我们当省委书记》，中央文献出版社 2003 年版，第 182 页。
④ 高佰文：《中国共产党与中国特色工业化道路》，中央编译出版社 2008 年版，第 86 页。

束缚，通过构建相对独立完整的工业体系确保经济的独立性，从而确保国家的独立性。在严峻的国际形势下，坚定要建门类齐全的比较完整的工业体系，并决定"用一切办法挤出钱来建设重工业和国防工业，……一切必要的轻工业都应建起来"①。而且，从人口众多、资源丰富的大国优势角度看，建立独立的、完整的工业体系是完全必要的。这样能够生产各种主要的机器设备和原材料，基本上满足我国扩大再生产和国民经济技术改造的需要。建立完整的工业体系，意味着需要产业链补缺和结构合理化。

20世纪50年代，重工业已成为一个国家或民族安身立命的根基，关系到轻工业和农业的未来发展，关系到广大人民的物质生活的改善，也关系到国防实力。毛泽东选择以重工业为主导，优先发展重工业。认识到旧的工业基础很脆弱，"为了实现我国的工业化，就必须主要地依靠新的工业特别是重工业的建设"②。在工业化的追赶意识下，为将经济目标的实现有赖于科学技术的发展，1956年，毛泽东和党中央发出"向科学进军"的口号，由周恩来和聂荣臻领导和主持制定了我国第一个长期科技发展规划。规划根据我国工业化建设现实需要，提出57项重大科技课题；根据战后世界新技术发展趋势，在计算机、半导体、自动化、无线电、核技术和喷气技术等新技术领域采取六大紧急措施。由此，把工业生产链伸向高端。毛泽东还从局部战争破坏的视角，强化系统的抵抗力或系统结构自我修复力，推进经济区划，并要求地方逐步建立完整的工业体系。特别是20世纪60年代，为确保国家经济安全的"三线建设"，发展重工业和国防工业，建立完整的工业体系。

（四）发展与保护生产力，发展对外关系的依据

中国的工业化建设需要一个独立、自由、民主、统一的政治环境，

---

① 《建国以来毛泽东文稿》（第2册），中央文献出版社1988年版，第534页。
② 《周恩来选集》（下卷），人民出版社1984年版，第109页。

谋求民族独立和人民解放成为中国共产党人的历史使命。中国共产党在取得政权的同时，却又陷入被封锁和被孤立的国际环境中，只能争取外援，独立自主地进行工业化建设。毛泽东指出，"依赖外国的援助，这种思想是错误的"[1]。应对国家在不平衡和不平等的世界结构，关键点在于发展生产力与保护生产力。在不平衡的世界发展格局中，落后国家寻求发展须学习和借鉴发达国家的先进科技和经验，是实现工业追赶发展的重要捷径，因而需要创造一个良好的外部支持环境。通过对外关系学习与引进先进文明成果。毛泽东等中共领导人认识到世界工业化规律和普遍趋向，表现出对外开放的坚定决心，提出利用国外市场，发展与国外市场的联系，包括西方市场在内的资金市场、技术市场和人才市场等方面的联系，甚至主动发展对外贸易关系。解放战争中，毛泽东等同志希望战后中国工业化能得到包括美国等西方国家的帮助和合作。中华人民共和国成立之初，处于被西方国家敌视、封锁和孤立之下，只好选择"一边倒"的外交政策，向苏联学习经验，接受苏联援建项目和工业管理模式。1956年，毛泽东提出，"一切民族、一切国家的长处都要学习"[2]，特别重视学习和借鉴发达资本主义国家的先进科学技术和管理经验，以利于改进我们的工作。通过发展对外贸易关系，购买了大批发展工业所紧缺的设备技术，推进了中国工业化进程，也积累了技术创新能力。在国际封锁下，创造条件建立对外贸易关系是主要方面，而世界处于不平衡发展状态，重要的是确立了平等互利、独立自主对外关系原则。独立自主原则内涵开放度要适应自身能力；中国工业化只能依靠工业积累完成，但不能关起门来搞建设，重演工业化整个历程，需要积极利用国际市场购买所需的设备。毛泽东重视国际市场，积极发展对外贸易，但坚持依托本国市场，对外贸易为辅。"对不同的商品应当按照不同的情况，分别对待……根据国家经济建设和对外政策的要求，根据需要和可能，实

---

[1] 《建国以来毛泽东文稿》（第6册），中央文献出版社1988年版，第148页。
[2] 《毛泽东选集》（第7卷），人民出版社1996年版，第41页。

行国内贸易和对外贸易并举的方针。"① 开放必须利用世界结构矛盾，取得制衡，保护自己。毛泽东主动出击打开了对外开放的局面，并希望构建一种合理的市场结构，既要与苏东国家保持稳定的贸易关系，也要与西方国家发展贸易关系，对任何一方都不产生太大的依赖性，以免在对外贸易中陷入被动，给国民经济的发展带来损害。推进对外贸易市场多元化，对外贸易中取得主动权和选择的余地。

二 区域层面的结构关系：地方自立与区域协作

（一）权衡区域平衡发展与整体发展，推进产能优化布局

工业布局合理化需要综合考虑资源、市场、历史基础和经济安全和社会公平等。毛泽东注重工业布局的合理化，主张工业平衡发展，要求"在全国各地区适当地分布工业的生产力，使工业接近原料、燃料的产区和消费区，并使工业的分布适合于巩固国防的条件，逐步地提高落后地区的经济水平"②。就处理好经济结构与社会结构，1956年，毛泽东在《论十大关系》中，系统阐发了统筹兼顾社会主义建设中的各种关系的思想。随后将"统筹兼顾"作为社会主义建设的基本方针，"我们的方针是统筹兼顾、适当安排"③。由此，"统筹兼顾"成为此后国民经济计划的原则，安排中央与地方之间的关系，近海地区与内地之间的关系。毛泽东要求加大对内地的工业建设，同时注重对沿海工业基地的利用，从而更有利于发展和支持内地工业，针对日内瓦会议、万隆会议后国际形势的趋缓，判断新的侵华战争或世界大战短时间打不起来，论述了利用和发展沿海工业的可能性和迫切性。国民经济计划强调中央与地方、近海地区与内地以及各个民族之

---

① 李先念：《李先念论财政金融贸易（1950—1991）》，中国财政经济出版社1992年版，第335页。
② 《建国以来重要文献选编》（第6册），中央文献出版社1993年版，第311页。
③ 《毛泽东选集》（第7卷），人民出版社1999年版，第228页。

间的关系。"三线建设"也考虑到长期建设，促进平衡发展。在平衡布局产能的政策背景下，形成了以西安、兰州、成都为中心的一批新兴工业基地（45个大型工业基地）和30多个各具特色的新兴工业城市。通过兰新、宝成等西南、西北铁路干线建设，使西部地区与全国各地区、原有工业基地和新工业基地连接起来。推进经济区划，构建经济协作大区，其后要求各地方都建立独立的工业体系，分别建立大型工业骨干企业和经济中心。由此，推进落后地区的工业化进程，缩小了区域经济差距，平衡发展。

（二）强化区域协作与地方分权，促进地方主动性自立发展

毛泽东为促进工业发展，推进经济区划，实践经济协作大区，把全国划分成7个经济协作区。协作大区的实践，突破沿海—内地的划分局限，基于集约有限资源发挥经济区内的产业协作，使经济运行健康有序。经济区的划分对大国来说是管理上的必要，有利于奠定落后地区的工业基础，促进国家工业整体趋向平衡发展。在《论十大关系》中指出："应当在巩固中央统一领导的前提下，扩大一点地方的权力，给地方更多的独立性，让地方办更多的事情"[1]，即所谓"虚君共和"的地方分权，发挥中央和地方两个积极。中共八大根据统一领导、分级管理、因地制宜、因事制宜的方针，进行行政分权改革，调整企业隶属关系，下放工业企业管理权。1958年8月，毛泽东提出，"地方应该想办法建立独立的工业体系。首先是协作区，然后是许多省，只要有条件，都应建立比较独立的但是情况不同的工业体系"[2]。毛泽东构想通过地方分权与区域协作的结构，有效应对工业生产的集中与分散。构建完整的工业体系，并不意味着只是"全"，而是产业链的配套，产能匹配。不过在"大跃进"期间，形成不顾实际的"大而全"和"小而全"的地方工业体系，导致工业体系和

---

[1] 《毛泽东文集》（第5卷），人民出版社1999年版，第275页。
[2] 顾龙生编著：《毛泽东经济年谱》，中共中央党校出版社1993年版，第426页。

结构的混乱。党中央和毛泽东进行了反思，采取"两步走"战略，把建立完整的工业体系作为战略目标，该目标在20世纪60年代后的"三线建设"中得到贯彻。庞大的工业生产计划及执行只能按照"统筹兼顾"的原则运作，还需要在统一计划指导下，实行工业企业管理权下放。毛泽东推进地方行政分权改革，使地方在经济建设中扮演着重要的角色，这对于地方经济发展、振兴意义重大。工业化建设责任下放给地方，如1956年5月毛泽东在广州接见湖南省领导时强调，"搞工业，没有重工业怎么行！湖南要自己办点钢铁，不能光靠中央调拨"。在回湖南调研考察工作中多次问省领导：你们湖南什么时候可以建成工业省？为发挥国家经济的大循环与地方经济小循环作用，1958年11月，国务院根据一些物资在国计民生中的重要程度以及生产分布供应情况，实行3类分级管理。轻工业等非主导产业，主要是提供地方消费和服务的经济，以"三就地"原则，实行分散生产。1961年，中共中央确立"大权独揽，小权分散"的原则。"三就地"原则，发挥了城市手工业作为大工业的补充，充分利用大工厂生产剩下来的边角料；体现了农村手工业生产在商品经济不发达的历史条件下的必然要性。

（三）构筑区域经济中心，构建地方经济生态

在地方建立工业基地或发展工业城市和建立地方工业体系是构建地方经济生态的重要一环，是区域经济健康发展的必要条件。建立独立完整的工业体系是为摆脱不平等国际秩序，创造工业立国的经济环境，在国际封锁背景下，能确保经济独立运行乃至国家独立自主。建立独立完整的工业体系为工业大国的必备条件，形成自我健康有序运转的国民经济体系。建立地方工业体系，出于当国家工业系统局部遭到战争破坏能确保系统整体继续运转和实现自我恢复能力。地方工业体系体现为地方经济分工与协作的经济生态，也体现地方中心城镇的功能集聚。完整的工业体系蕴含着工业结构的合理化，成为国民经济有序发展的基石。对于经济生态，毛泽东提出工业系统的国计民生原

则，要求工业体系的所有建构部门，都要用国计民生这个大局来认识和处理各自同国计民生的关系以及相互之间的关系。"一五"计划强调："在优先发展重工业的条件下，力求使各个经济部门之间的发展保持适当的比例，避免彼此脱节。"[①] 把"三个并举""三个主导"作为指导整个国民经济各个建构部门、整个工业体系各个建构部门协调发展的原则。中共八大根据统一领导、分级管理、因地制宜、因事制宜的方针，进一步划分了中央和地方的行政管理职权，改进国家的行政体制，以利于地方积极性的发挥。在工业体系很不健全的条件下，集约有限工业设备资源，合理配置重工业非常必要，1958年6月初，推进经济协作大区。毛泽东把建立独立完整的工业体系作为实现工业化的指标，1958年8月，毛泽东说，地方应想办法建立独立的工业体系。1964年以后，进行了以"备战"为指导思想的大规模国防、科技、工业和交通基本设施建设，即"三线建设"。要求各个省区，根据自己的情况，建立自己的战略后方，即"小三线"。由此，在毛泽东工业平衡布局实践下，实现生产力重大战略布局，形成45个以重大产品为主的专业生产科研基地和30个各具特色的新兴工业城市。许多新的工业部门从无到有、从小到大发展起来，建立了独立的、比较完整的工业体系和国民经济体系。在工业布局地区极不平衡的条件下，构筑起地方经济中心的城市建设是首要任务。中心城市建设是适应重工业的规模经济、集聚经济需要，从而为城镇体系建设迈出了第一步。

（四）构筑城市与乡村结构，农业与工业互动发展

在战略规划上，针对当时主要还是自给自足的小农经济，为工业经济发展创造市场环境，建立合作社经济网络，促进城乡物资流通，以改善民需，同时拉动工业有序发展。毛泽东认为，"社会主义的工业化和社会主义的农业改造这样两件事，绝不可以分割起来和相互对

[①] 《建国以来重要文献选编》（第6册），中央文献出版社1993年版，第707页。

立起来去看"。实行工业和农业发展同步并举，要求农业机械化与国家工业化的发展相适应，同步发展，在农业合作化的基础上，用发展起来的重工业对农业进行技术改造，逐步实现农业现代化。将农业发展与工业发展结合起来，构想通过乡村工业化更快地促进国家工业化发展；城市工业和农村工业结合逐步消灭城乡差距。通过农村合作化，走集体经济道路，为农业现代化开道，发展乡村工业，实现城乡一体化发展。社会主义改造完成后，农村实现集体化，推进以人民公社为单位，发展农村工业，让工农协调发展。人民公社成为农村发展工业的载体，构筑地域经济或服务中心，让农村剩余劳动力就地转移，发展工业带动农业发展。中共八届六中全会决议指出，"人民公社必须大办工业"①。一哄而起，造成整个工业体系混乱，由此导致1962年9月中央规定，公社"在今后若干年内，一般地不办企业"②。直到1966年毛泽东"五·七"指示后，社队企业才陆续发展起来。

三 经济社会层面的结构：经济生态与结构优化

（一）构建民主经济生态，追求一致利益与化解矛盾

社会关系的核心是经济利益关系，处理好利益关系是调动工业建设积极性的关键。毛泽东分析了当时的社会结构，以一致利益为追求，化解社会矛盾，团结进步势力，取得统一战线的成功，实现了节制资本而又利用资本的新民主主义国家工业化，构筑起民主的经济环境。通过"紧紧地追随着发展生产、繁荣经济、公私兼顾、劳资两利"的政策方针，调动各种所有制主体积极参与工业建设，与资产阶级合作，维持了私营工商业，从而维持了生产，维护了工人，工人可以获得一些福利。从而推进生产力解放和生产力发展以及民生改善。

---

① 《建国以来重要文献选编》（第11册），中央文献出版社1995年版，第599页。
② 《建国以来重要文献选编》（第15册），中央文献出版社1997年版，第621页。

社会主义革命的制度变迁，通过一致利益的追求，调动了群众热情，取得工业建设的巨大动力。1956年，国内社会阶级关系发生了急剧的变革，经济建设工作中已出现的冒进又未能完全克服，使社会经济和政治生活呈现某些紧张。毛泽东认识到矛盾的结构变化，指出"世界充满着矛盾""现在，在所有制方面同民族资本主义和小生产的矛盾基本上解决了，别的方面的矛盾又突出出来了，新的矛盾又发生了。"强调"以后凡是人民内部的事情，党内的事情，都要用整风的方法，用批评和自我批评的方法来解决，而不是用武力来解决"。1957年6月，毛泽东发表《关于正确处理人民内部矛盾的问题》一文，区分了两种性质的矛盾，提出了正确区分和解决两类不同性质的矛盾的方法，规定了正确处理人民内部矛盾的一系列正确方针。社会主义改造完成后，毛泽东提出，扩大一点地方的权力，给地方以更多的独立性。中国发展工业的关键在于积累和资源配置的成长环境，需要厘清国家、集体、个人之间的结构关系，毛泽东以"统筹兼顾"原则，应对结构矛盾——"人民利益根本一致的基础上的矛盾"，即处理好国家的税收、合作社的积累、农民的个人收入三个方面的关系。1957年，国民经济计划就要求处理好"国家建设和人民生活之间的关系"。注重地方利益，推进地方分权，"调动中央和地方两个积极性"，让地方办更多的事情。把国计民生确定为工业体系的各个建构部门协调发展的指导原则之一，对国计民生的主导产业实行集中统一管理。让职工群众参与企业监督，确保"劳资两利""公私兼顾"，推进企业民主管理制度。

（二）平衡生产与消费结构，处理个人消费与社会福利

经济运行是生产—再生产的动态过程，需要保持生产与消费的结构平衡。在工业化初期的转型阶段，工业化重要的是积累，需要抑制消费、扩充产能，在工业积累上，毛泽东从"大仁政"的视角，注重人民的长远利益（即推迟消费），同时要求重视当代人生活的提高。消费与积累的关系表现在经济建设上，就是农、轻、重产业比重

关系。1957年，国民经济计划要求"为了使国民经济的各个部门和各个方面按比例地互相协调地发展，我们又应该妥善地安排重工业轻工业之间的关系，国家建设和人民生活之间的关系"①。个人利益很大程度上体现在消费上，毛泽东实行兼顾积累和消费的分配政策，"安排积累和消费的适当比例，求得生产和需求之间的平衡"②，考虑国家和人民长远利益的同时，也要顾忌当代人的利益，当"工人的劳动生产率提高了，他们的劳动条件和集体福利就需要逐步有所改进"③。积累更多地体现为一种社会消费，也表现为一种居民的间接消费，关系到社会基本福利的提供，从而有利于民生改善。从工业结构视角看，完整的工业体系意味着要处理和协调部门之间的结构问题，也意味着最终社会福利的提供效率。毛泽东把应对工业体系的结构问题具体化为是否有利于民生利益为标准。首先争取在国家层面的相对完整体系，然后考虑地方层面的工业体系。强调和要求工业体系的所有建构部门，都要用国计民生来认识和处理各自同国计民生以及相互之间的关系。

（三）调整农、轻、重结构比重，平衡产能、承载力与拉动力

产业之间存在关联性，历史上农业革命也曾促发过工业革命，在产业动态结构中，离不开关联产业拉动或推动，关键在于度的把握。毛泽东指出，"实现国家的社会主义工业化的中心环节是发展国家的重工业"。"没有重工业，许多轻工业的机器，尤其是精密的机器不能制造""不建立重工业，现有的轻工业就会一天一天的破旧，而得不到新的装备的补充和改造，要扩大轻工业和建立新的轻工业也会困难。"④ 党中央和毛泽东"经过对政治、经济、国际环境诸多方面利弊得失反复权衡和深入讨论之后，大家认为必须从发展原材料、能

---

① 《建国以来重要文献选编》（第9册），中央文献出版社1994年版，第185页。
② 《毛泽东文集》（第7卷），人民出版社1999年版，第215页。
③ 同上书，第28页。
④ 《建国以来重要文献选编》（第4册），中央文献出版社1993年版，第706页。

源、机械制造等重工业入手。"① 农、轻、重比重是多重结构问题，关系到产能与消费的结构、劳动要素配置与产业链匹配结构，过犹不及，削弱任一方会钳制另一方，虽然经济中存在拉动效应，过于信赖拉动会造成经济信号的失真。毛泽东把发展轻工业和重工业称为"小仁政"与"大仁政"，前者为人民的当前利益，后者为人民的长远利益，指出"两者必须兼顾，……现在我们施仁政的重点应当放在建设重工业上"②。即以重工业为主导，与农业和轻工业发展并举的政策。发展轻工业在民生方面具有立竿见影的效果，轻工业与农业关系密切，很好地改善民生需求。因我国工业还比较落后，主要还是以手工业为主，只有通过重工业发展，提供现代机器设备和工业原料等，才有健康发展的空间。

毛泽东非常关注农业生产，从工农业结构关系的视角指出，"农业就是工业"。要求以重工业为主导，与农业和轻工业发展同步并举。他在八届二中全会（1956年11月）上明确提出，工业化"也包括了农业的现代化"的思想，把农业现代化融入工业化的范畴，视为工业化的一个有机组成部分。1957年1月，在省市自治区党委书记会议上的讲话中，他把工业化道路置于中国是落后的农业大国的背景之下，全面阐述了工业化与农业的关系，指出，"在一定意义上可以说，农业就是工业"③。工业化"包括了农业的现代化"，农业现代化是在工业化的后期发展。在工业积累上，毛泽东清晰指出，"先让农业本身积累多，然后才能为工业积累更多。只为工业积累，农业本身积累得太少或者没有积累，竭泽而渔，对于工业的发展反而不利。"④ 农业积累包括农业基础建设以及粮食充足度。优先发展重工业，其实就是发挥重工业的拉动作用，而过度放大则造成如将钢产量的指标化。

---

① 薄一波：《若干重大决策和事件的回顾》，中共中央党校出版社1991年版，第290页。
② 《毛泽东选集》（第5卷），人民出版社1977年版，第105页。
③ 《毛泽东文选》（第7卷），人民出版社1999年版，第200页。
④ 《毛泽东选集》（第7卷），人民出版社1999年版，第200页。

在工业追赶的"大跃进"运动时,显然忽视结构的分寸,片面倚重大炼钢的产业拉动,造成钢铁工业孤军独进,导致农业贻误和轻工业发展受阻,造成工业体系和经济结构混乱,同时出现盲目追求机械化、自动化,反而成为浪费,影响了人民生活。1959年庐山会议前期,在总结"左"的错误教训时,毛泽东提出以农、轻、重的次序安排国民经济计划的观点。1962年党的八届十中全会上,他提出"以农业为基础,以工业为主导"的发展国民经济总方针。毛泽东、周恩来又将农、轻、重发展序列高度概括为"要重工业,又要人民"。1963年八九月间,经毛泽东修改的关于工业发展问题初稿中第一次提出了"两步走"的战略思想。"两步走"的战略,首先建立完整的工业体系,其次是实现"四个现代化"。

毛泽东的结构思想还体现着平衡与不平衡存在相互转化的过程认识,不平衡成为一种动力,如他指出的,"我国目前手工劳动还占很大比重,同发展生产、提高劳动生产率的需要不平衡,因此有必要广泛开展技术革新和技术革命,来解决这个不平衡"。

(四)调整经济结构与产权关系,以合作化提高集约化

工业化推进着分工与合作的社会化生产。合作是整合资源的一种方式,毛泽东在1934年的《我们的经济政策》中,把发展合作社作为经济建设任务之一。中华人民共和国成立之初,依托国营商业网络,通过供销合作社的分支机构连接城市与乡村,推动城乡物资交流运动,营造了工业经济环境。1950年颁布合作社法,规定"在城市和乡村独立生产的小手工业者和家庭手工业劳动者中组织手工业生产合作社"。工业是一种社会化的生产,工业化应建立在机器生产基础之上,不是建立在分散的小农经济基础上,合作化与工业化紧密关联,合作化与政治、文化休戚相关,培养了合作精神、锻炼了政治意识。1951年党内通知"把农业互助合作当作一件大事去做"。毛泽东积极引导农业和手工业向集体化方向发展,指出农业必须先"集体化"再现代化,现代化即大机器生产为主,是工业化的后期发展。由此，勾勒出未来合作化运动的大轮廓。到 1954 年时农业生产合作社发展到 65 万个。合作化也就成为社会主义改造的政治任务，合作社经济推进集体产权经济，从而能更有效配置资源，也成为社会主义经济的重要组成部分。

手工业合作化促使农村工业分离而趋向产业化，促进了一些轻工行业的形成和发展，通过合作化运动，各地方都发展了专业的服装和木器家具等生产合作社，并逐渐形成一个企业化商品生产行业，小城镇的合作社成为日后发展地方工业的基础。农业现代化是集约化的社会化生产，是工业化的后期发展，即工业成果的广泛应用。1955 年，毛泽东指出，"在农业方面，……必须先有合作化，然后才能使用大机器"[①]。社会主义改造完成后，农村经济实现集体化，实行以人民公社为单位，发展农村工业，工农协调发展。1958 年，"大跃进"运动进一步推进合作化，全国兴起人民公社化运动，人民公社成为农村发展工业的载体。中共八届六中全会决议指出，"人民公社必须大办工业"[②]。因一哄而起，造成整个工业体系混乱，于是，1962 年 9 月，中央规定，"公社管理委员会，在今后若干年内，一般地不办企业。"[③] 直到 1966 年"五·七"指示，"公社农民以农为主，在有条件的时候，也要由集体办些小工厂"[④]，社队企业再次陆续发展起来。

四 早期工业实践中的结构思想对当今转型发展的意义

（一）比较毛泽东时代的社会转型与当前的社会转型问题

毛泽东重塑发展工业的环境，把握优先与同步的度。

工业改变着社会的结构，工业也改变着世界的结构。工业立国是

---

① 《毛泽东文集》（第 5 卷），人民出版社 1996 年版，第 181 页。
② 《建国以来重要文献选编》（第 11 册），中央文献出版社 1995 年版，第 599 页。
③ 《建国以来重要文献选编》（第 15 册），中央文献出版社 1997 年版，第 621 页。
④ 《建国以来毛泽东文稿》（第 12 册），中央文献出版社 1998 年版，第 54 页。

近代以来中国人的梦想，然而很多发展工业的尝试都失败了。工业化程度内含社会生产力发展水平，在不平衡和不平等的世界秩序下，发展工业的关键在于发展生产力、解放生产力和保护生产力，而在强权政治主宰的世界秩序下，工业立国必须争取民族独立，只有在坚强的国家后盾下通过经济独立来确保国家的独立。毛泽东站在时代文明的新起点上，探索适合中国工业化发展的民主制度环境，最终落脚于民生改善。中华人民共和国成立初期，中国工业极其落后和不平衡，农业基础也极其薄弱，粮食安全困扰中国放手搞工业建设。在发展问题上，不能关起门来重演工业化历程，选择代表时代科技成果广泛应用的重工业，实行优先发展，以提供轻工业和农业发展所需的设备。在国际封锁下，工业化过程就是积累的过程，需要处理好消费与积累问题，亦即处理当前消费与未来消费问题，表现为农轻重的比重关系。工业和农业基础都很薄弱，都倚重于劳动要素（人）的投入，都需要积累，构成相互钳制的结构。毛泽东深刻认识到农业对于工业的地位，提出"三个并举"，既要重工业，又要人民，指出农业也需要积累，加强基本农田水利设施建设，从产业结构的关联性视角，指出"农业就是工业"。

毛泽东将工业放在历史结构、社会结构、经济结构乃至区域结构、城乡结构中考察，没有就工业而论工业。

在城乡关系上，首先，在工业基础极其薄弱的内陆建立了一批新兴的工业城市和工业基地，强化区域中心城镇的功能。从推进工业化的视角，处理了城乡结构问题，选择两条腿走路，推进农村工业化，尝试城乡一体化发展。确立农村走生产合作化道路，"把农村互助合作当作一件大事去做"，将"在城市和乡村独立生产的小手工业者和家庭手工业劳动者中组织手工业生产合作社"。现代工业是建立在机器生产基础上的，合作化与工业化紧密关联。毛泽东积极引导农业和手工业向集体化方向发展，指出农业"必须先有合作化，然后才能使用大机器"，先"集体化"再现代化，现代化是工业化的后期发展。手工业合作化运动促进了一些轻工行业的形成和发展，通过合作化各地方都发展了专业的服装和木器家具等生产合作社，并逐渐形成一个企业化商品生产行业。小城镇的合作社成为日后发展地方工业的基础。社会主义改造完成后，农村实现集体化，实行以人民公社为单位，发展农村工业，让工农协调发展。"大跃进"时，全国兴起人民公社化运动，尝试城乡一体化发展，人民公社成为农村发展工业的载体。要求"人民公社必须大办工业"[①]。构想以公社为单位，构建地域经济或服务中心，让农村剩余劳动力就地转移，发展工业带动农业发展，逐步消灭工农、城乡差距。

中国社会的转型一直在延续，在不断的量变中，总会碰到新的结构问题和困惑。新自由主义推进着全球化分工和生产适地化，推进着资源和技术的全球范围配置。发达国家应发展中国家的国际利益诉求，为求得利益平衡，将基础性的重化工业以及落后产能转移出去，以高技术引领组装产业的发展，通过技术优势和世界范围的外需，构筑起新的中心—外缘的结构关系。在此世界分工体系中，中心地通过外需释放过剩产能，实现高速增长和高福利的经济循环，推进城市功能集聚和服务经济的发展，居民生活得到改善。由此，生产中心的财富集聚与居民生活消费不构成直接的社会矛盾冲突。发展中国家因生产力落后，欲通过全球化获得技术扩散效应，参与产业链上的世界分工。

为解放生产力和发展生产力，我国实行市场化改革，营造了新的经济发展环境。工业经济在市场环境下，受集聚效应影响，生产向大城市集聚，地域经济生态受到破坏，以小城镇为中心的地域经济圈、生活圈自我供求环境受现代工业乃至全球化冲击，满足和提供地方性服务、福利的小城镇传统产业难以立脚，由此造成农村剩余劳动就地转移困难。城市成为地方经济的中心，亦为地方政府创出财源，政府更多关注城市这一增长极。特别是在"市管县"体制下，更多地关

---

① 《建国以来重要文献选编》（第11册），中央文献出版社1995年版，第599页。

注既有建制城市这一增长极，忽视培育下级城镇体系发育及其成长，或抑制县级行政的自主决策权。

改革开放后，生产地与消费地逐步分离，地方生产不是满足地方需求，地方进入了更广域的经济生态体系。政策受增长极理论以及梯度发展理论的支持，发展外向型经济带动全国经济发展。由此，通过廉价劳动成就了一个"世界工厂"，在区位优势和极化效应下，地域间的集聚力分化，劳动力跨地域转移。从经济循环视角看，外向型经济事实上是生产主要不为居民消费，廉价劳动意味着抑制消费。因技术弱势，在弥补国内需要的资源时却按照国际的价格支付。结果，区域差距拉大，城乡距离拉远，工业反哺农业和城市带动农村只能依托国家层面的农业支持，而非真正意义上城乡统筹。城乡统筹忽视载体建设，跨地区城市化，也带给大城市压力，也必将导致地域人口过疏化，更使农村脱离城市。

在新的结构转型时期，因地方缺乏集聚中心，工业基础薄弱，就地吸纳劳动力能力有限，农村剩余劳动力就地转移困难。家庭联产承包责任制是对小农经济一定程度的回归，农业分散经营，难以推进产业化或现代化。问题的核心不在于是否要实现产业化，而是适应结构转型。技术可以提高生产效率，而当没有技术创新能创造出新需求时，便是迅速的产能过剩。这种过剩源自于生产与消费的脱离，源自于消费与积累关系或工资与资本的财富集聚关系。当前，我们认识到城乡一体化、发展中小城镇的重要性时，出现劳动成本上升、外需不足，生产出现过剩。发达国家企业以零库存应对迅速产品或技术更新升级，我国集聚着巨大的产能，也遇到内需不足与民生有待改善的尴尬。生产—消费相脱离的区域结构成为地区结构恶化的根源，新自由主义推进着全球化和生产适地化，将制造业转移出去，出现产业空心化，一方面是高技术的资本实现着财富集聚，另一方面是失业问题。因此结构问题，发达国家在资本与民生的复杂关系面前不得不采取技术保护或者贸易保护主义，维护其生产力的新兴产业，推进再工业化。

（二）毛泽东结构思想的核心及其当代意义

毛泽东的一系列发展工业的结构思想是应对生产力保护和生产力解放，目标在于民生问题的最终改善。在对外关系上，首先创造适合工业发展的民主政治环境，构建完整的工业体系，确保经济独立性。营造互通有无的外部支持环境，获取所需的技术和设备，强调对外贸易的调剂作用，而不是依附的外向型经济。当前，我们必须反思，外向型经济造成生产主要不为自身消费，过剩产能依赖外需。对外经贸关系必须有利于国家利益，保护自己缓和国际冲击，而非无限度地开放和国际接轨，不应把全球化置于绝对语境。经济发展动力源自于人的需求，在于构筑生产—消费的经济循环结构。而在市场化和全球化背景下，生产地和消费地逐步分离，形成沿海地区特殊的区位优势，经济增长表现为外需主导的工业投资拉动，结果，工业与农业、城镇化关联性较弱，造成区域、城乡差距扩大。这种经济结构及其形成的区位格局已愈加制约着我国经济社会发展。

转型发展是旧结构的瓦解，新结构的形塑，进入新的有序化，因此，对于所处时代的结构问题把握非常关键。毛泽东强调工业在中国社会转型中的地位，当今，工业在中国的地位依然重要，但重要不意味就一味地追求资本积累和产能扩张，而是结构合理化，需要顾及生产与需求及民生福利的结构。城镇化是集聚城市功能，通过规模经济效应为社会提供服务生产，创造更好的生活质量。农业与工业是满足人的两方面需求，而两方面存在需求刚性的差异，同时还受技术水平限制，因而两方面需要保持劳动资源分配上的平衡。受当时生产力水平制约，毛泽东注意到工农结构上的制约关系，要求注重农业积累，要求同步（并举）发展。人口城镇化需要克服人口城镇转移引起的农村劳动力资源稀缺化，造成粮食安全问题，需要及时推进农业现代化以提高农业社会生产效率。毛泽东注意到结构不平衡到平衡是一个动态过程，打破静态平衡可促进有序化，而不能固化平衡或不平衡的结构。在要素资源既定的情况下，对于资源配置，强调一方会削弱另一方，毛泽东强调完整的工业体系，完整工业体系意味着产业链配套的合理化。如当下存在某些行业过热，如房地产可带动相关消费需求，从结构视角看，高房价脱离收入能力，财富集聚势必弱化消费需求。当前的工业转型，已不同于工业积累和需要外向型经济的时期，处理结构转型问题必须推进工业化，创造社会福利，改善民生需求，将贫困人口纳入工业生产结构中，并提供更好的社会福利，适应经济发展向内需型转变，推进城镇化构筑产业承接载体，通过城镇化集聚地方都市功能，改善居民服务需求。推进农业现代化，提高生产效率，改变因农村剩余劳动力转移释放引起的农业粗放经营态势，缓解粮价上涨压力。随着市场化改革，平衡社会生产的计划工具逐步退出，积累和消费的结构平衡原则不会失效，只是积累表现为财富集聚的主体发生变迁，社会财富配置的变化潜藏着生产与消费脱节危机。当前，经济增速趋缓，内需不足，相关研究则强调城镇化，工业与城镇化互动明显存在顾此失彼，仍需要广视角的结构分析。

内外关系的利益平衡必须回归到结构平衡上来。在结构不平衡的问题上，发达国家倡导再工业化，重新布局产能，发展中国家必须退出过剩的落后产能，大力推进服务经济的发展，集聚城市功能，以改善民生服务需求，营造良性的经济生态。经济自由化不能确保区域利益一定平衡，即使相对利益平衡也不能化解区域结构问题。必须推进经济内需化，推进服务经济发展构筑地域经济生态。工业化是社会结构变迁的过程，因而，不能阻止结构变迁。工业自身也是一个结构，是作为社会化的生产，免不了产业链的配套，资源配置优化。完整工业体系内涵丰富，当今支持区域经济发展的地方产业体系仍存在产业链短、缺问题。工业布局、体系、发展路径直接关系到区域发展、城镇体系、区域协作、城乡统筹。中国经济社会转型发展，应该回到经济循环的本位上，一是改善民生需求、促进经济内需拉动。把经济增长与消费需求和生活根本改善结合起来。二是引导产业发展方向，产业集聚发展，有序发展战略性新兴产业，承接产业转移，规避转型发展的风险。三是促进社会转型，推进农民工市民化，推进消费转型升级，优化收入再分配制度。"三农"问题的实质就是解决农民需求问题，解决需求就是解决贫困问题，就是扩大内需的过程，通过参与经济活动，创造社会福利和享受社会福利。强化地域经济载体建设，推进地域经济自我循环结构构建，发挥城镇功能集聚和辐射带动地域发展，区域合作、城乡互动。

第四章

出路选择:"四化"同步发展的逻辑基点与充要条件

中国经济社会处于新的转型时期,面临着多重结构问题,诸如要素成本上升、产能过剩与内需不足,还有城乡差距、区域发展不平衡等,这些问题的解决也更加紧迫。随着我们对中国结构问题的认识加深,我们的发展理念也在不断调整。2006年,党的十七大提出要构建"城乡经济社会发展一体化新格局",2008年,党的十七届三中全会明确提出,"着力构建新型工农、城乡关系",2010年,党的十七届五中全会提出,"在工业化、城镇化深入发展中同步推进农业现代化",即"三化同步"。2012年,党的十八大首次提出了"四化"同步推进的战略思想。即"坚持走中国特色新型工业化、信息化、城镇化、农业现代化道路,推动信息化和工业化深度融合、工业化和城镇化良性互动、城镇化和农业现代化相互协调,促进工业化、信息化、城镇化、农业现代化同步发展"。

工业化、信息化、城镇化和农业现代化这"四化"是经济社会发展的变迁过程,是社会转型与结构变迁的四个方面。对于"四化"同步发展仍存在逻辑基点的认识不足,忽视了特殊背景下的工业化方式。相关研究倾向于辨析"四化"何者为基础、前提、动力、保障、结果以及交互关系。如分析了"三化"同步发展的内在机制和相互关系[①];

---

① 陈志峰、刘荣章等:《工业化、城镇化和农业现代化"三化同步"发展的内在机制和相互关系研究》,《农业现代化研究》2012年第33卷第2期。

指出工业化与城镇化互动发展,要靠良好的体制和制度的建立[①];对城镇化率与工业化率等进行比较、测评,反映或解释"四化"发展的不协调[②③④]。"四化"发展的动力及互动机制研究,依据其内在的矛盾自身作为动力因,不足以解决"四化"发展自身面临的困境。互动机制论,进入互为因果的解释循环,使得动力源论扑朔迷离,动力机制的讨论抛开了推动经济发展的路径依赖,抛开系统与结构以及结构成因。而在结构层面上,区域和城乡间已出现严重的不协调,倾向归罪于制度安排问题。当前我国经济面临的结构问题不能简单归结为制度障碍,不能抛开推动经济发展的路径依赖而谈"四化"同步。"四化"是社会结构变迁的四个方面,"四化"存在发展逻辑层面的先后,同时存在发展结构层面的同步,而非割裂开来的具体量化的指标。结构问题是由工业或经济的发展模式决定的,因而,问题的关键在于改变经济发展模式或路径依赖。需求是经济有序发展之动力源泉,而针对内需不足问题,相关研究倾向于依托城镇化创造需求之表象,如揭示城镇化蕴含巨大内需,认为城市消费增长是国民经济增长的持久动力,进而培育出内需导向型经济[⑤]。因此,有必要探讨和厘清我国"四化"同步发展的逻辑基础,以便揭示"四化"同步发展内在逻辑上的必要性与实现的充要条件。

一 "四化"在我国当前的基本地位判定

(一)工业化:以高效率的社会化生产,提供就业创造社会福利

工业化是近现代工业的建立和推广,内含现代技术在生产中的应

[①] 苗建萍:《新型城镇化与新型工业化的互动发展机制》,《经济导刊》2012年第1期。
[②] 黄群慧:《中国城市化与工业化协调发展问题研究》,《学习与探索》2006年第2期。
[③] 冉启秀、周兵:《新型工业化和新型城镇化协调发展研究》,《重庆工商大学学报》2008年第18卷第2期。
[④] 孟俊杰、田建民等:《河南省"三化"同步发展水平测度研究》,《农业技术经济》2012年第8期。
[⑤] 辜胜阻、武兢:《城镇化的战略意义与实施路径》,《求是》2011年第5期。

用。工业化主导着传统社会结构变迁,表现为农业人口减少,非农产业人口比重上升,城镇化水平提高。毛泽东已认识到,中国的落后主要是没有新式工业化,他指出,"要中国的民族独立有巩固的保障,就必需工业化"①。由此,确立工业化在中国的地位。我国是后发国家,一直以来我们都在工业化追赶,直到现在,我国的城镇化率还比较低,只有52.6%,农业技术装备水平还很低,从这个意义上讲,我们的工业化之路尚未走完。然而,当前存在一个严重的产能过剩问题,而且很大程度上满足着世界需求,工业化显然不是无限度的产能扩张。人民生活水平还不高,存在区域发展不平衡和城乡差距等问题。贫困问题最主要还是物质需求问题,解决需求问题也是脱贫致富的过程,因而仍需发展实体经济的工业,使生产高效化,满足需求和创造需求,同时创造就业,将贫困的人口纳入工业体系中来。工业化内含新的科学技术在生产中的不断应用。伴随科技的进步,工业化经历了机械化、电气化、自动化和信息化的历程,而这一历程是一个不断积累的过程,生产效率不断提升的过程,通过技术创新创造出新的需求,推进着"雁行"发展。我国工业化虽已经取得了巨大的成绩,但与发达国家相比,仍存在技术差距,发展方式粗放,面临环境问题和资源短缺,需要科学发展,构建"两型社会"。在开放经济的背景下,必须依托科技自主创新,提升工业竞争力,同时,化解粗放型经济增长带来的环境问题和提高居民的生活质量。这将是我国工业化的目标和意义所在。

(二) 信息化:科技的时代表征,提高经济和社会的质量

科技是第一生产力,是推进产业转型发展的第一动力,信息化则是当今科技即信息技术广泛应用的时代表征,是工业化的后期发展,而世界范围的工业化水平不平衡,存在发达国家与发展中国家的工业化水平的落差。信息化是建立在高技术基础上的,是利用信息技术,

---

① 《毛泽东文集》(第3卷),人民出版社1996年版,第146页。

开发和利用信息资源，促进信息交流和知识共享，提高经济增长质量，推动经济社会发展转型的历史进程。在以发达国家全面推进信息化的时期，在全球化背景下，发展中国家必须以此为契机，寻求跨越式发展，即以信息化带动工业化，"两化"融合发展。信息化建设重要的是，推进必要的信息公开化，信息化创造出巨大的市场需求，巨大市场需求也促进着信息产业的发展。信息化不局限于现有信息技术的应用，还存在巨大的需求空间和拓展空间。信息化不局限在工业领域的应用，与农业现代化和人们的生活都紧密关联。信息化成为重要的基础设施，是构建市场经济的重要平台，让生产与消费衔接更加和谐，也让社会管理和服务更高效化。当前正酝酿一场新的工业革命，以大规模定制制造为主的，完全适合消费者的个性化需求，以数字制造技术、互联网技术和再生性能源技术的重大创新与融合为代表，将导致工业、产业乃至社会发生巨大的颠覆性变革。主要是能源生产与使用革命，生产方式、制造模式、生产组织方式变革以及生活方式变革[1]。其特征：从规模生产转向定制生产，以多元化外部构造来满足个性化需求；从刚性生产转向柔性生产，适应大规模定制生产；从工厂生产转向个体生产，使得创新者瞬间转变为制造者；从分工生产转向融合生产，即制造业与服务业之间关系变得越来越密切，产业边界渐趋模糊等[2]。发达国家走完了工业化，进入信息化时代，在这重要的转型时期，我们必须在推进工业化的同时，加紧推进信息化，把握发展的先机。

（三）城镇化：是社会转型发展的载体，都市功能需要

城市化是集聚经济引起社会结构变迁的过程，因城市功能集聚成为居民的职居生活的追求。城镇化是城市化的新提法，重点应在城镇体系和城乡关系上，城镇是经济和社会发展的重要载体，当前存在区

---

[1] 芮明杰：《"第三次工业革命的起源、实质与启示"在复旦大学的讲演》，《文汇报》2012年9月17日。

[2] 王志忠：《如何迎接第三次工业革命》，《新华日报》2012年9月25日。

域城镇化水平不平衡和城乡关系割裂。城镇化是工业化和社会发展的必然结果，适应居民对服务需求和产业集聚的需要。中华人民共和国成立以来，因为特殊的工业化路径，如优先发展重工业，形成先大城市后小城镇的发展序列；在市场经济背景下，城市极化效应显著，地方政府更多关注增长极的城市；外向型经济造成低成本工业化、高成本城镇化以及区位特化。当前，我国城镇化不能局限于推进既有建制城市的扩张，重要的是要构建合理的城镇体系，缓解城乡对立和区域不平衡。问题的关键在于构筑地域中心的城镇，需要打破市县的职能定位，构筑作为地域社会转型发展的载体。一是缓解大城市扩容造成的集聚成本压力。二是适应经济内需转型发展需要，合理布局产能，构筑地方产业承接载体。城镇化创造集聚空间和规模效应，提供地方工业集约化发展的基础。三是集聚都市功能，促进创造型人才交流和集聚，发展都市型产业，特别是以知识为代表的服务型生产和生产性服务，以及适应人的需求高级化，发展服务经济，提供优质的都市服务，提高居民生活质量，并向城市周边辐射都市功能。构筑地域中心城镇有利于拉近与乡村的距离，减少物流和交易成本，适应节约型社会的需要。当前，普遍存在将城镇化作为拉动经济发展的手段，而城镇化倾向于房地产投资，寄希望于其配套设施建设和设施应用创造就业，拉动消费。推进城镇化不是目的，而是适应转型发展的载体需要，目标为城乡一体化，形成生活圈和经济圈、文化圈。适应集聚经济、规模经济的需要，城镇化可就地转移农村过剩劳动力，释放"三农"压力，有利于发展现代农业，实现农业产业化、规模化经营。

（四）农业现代化：是产业化的时代转机，结构转型的保障

农业现代化是现代农业生产组织方式，内含技术装备高效生产方式。工业拓展着人类的需求空间，高生产效率形成高收益，促使农村社会向工业社会结构转型。中华人民共和国成立之初毛泽东就指出，不可把工业化和农业分割开来或相互对立起来，实行工业和农业发展同时并举，要求农业机械化与国家工业化的发展相适应。当前，随着农村剩余

劳动力转移释放，农民农业生产收益与工资收入趋近，劳动价值回归引起用工成本上升，进而使得农业粗放经营，导致粮食价格上涨以及工业劳动成本上升。在劳动资源市场化配置下，改变以往农民单纯对种粮的依赖，近年来，持续的粮食价格上涨，反映了农业劳动价值的回归，有利于农民增收，但不依赖生产效率提高的涨价机制无益于社会发展进步，这也增加了城市家庭的负担，即导致恩格尔系数的反弹，甚至，引起与金融政策无关的整个社会物价体系互为因果的涨价潮。当前，刘易斯拐点正在显现，意味着在技术不变的情况下，农业与工业对劳动配置达到在价值层面上平衡，基于当前尚有较高的农业人口比重，需要及时推进农业现代化建设，提高农业生产效率，从而析出更多的剩余劳动力。通过创新农业组织方式提高规模效益，推进农业产业化，依托公司载体加强农产品的监督管理安全，提供食品安全，通过农业生产技术提高，提高农业生产效益，降低生产成本，缓解因农业粗放经营引起的粮价上涨压力，进而确保国家粮食安全。

二 "四化"之间的交互关系分析

（一）工业化创造就业空间，强化福利生产支撑城镇化发展

从社会变迁的角度看，工业化过程就是农业劳动减少，城镇不断发展扩张的过程。在人的基本需求中，农业主要是生产粮食以及部分轻工业原料，粮食需求相对稳定，除需求结构变动外，拓展空间较为有限，弹性较小，意味着粮食问题解决后，需求体现在对生活用品及公共服务等方面。总体上，依托多生产粮食现实脱贫致富已不现实，需要工业不断创造出社会福利，拓展需求空间，所以工业仍是实体经济的主体。贫困问题主要还是经济系统的结构问题，该结构有其特殊的历史成因，工业化追赶时期优先发展重工业的积累过程抑制了消费，不利于城市功能完善，不利于城镇体系发育；改革开放后的外向型经济体现为低工资低消费，生产不是满足居民消费的经济生态。最终形成经济极化和区位特化，不利于区域平衡发展，以及城乡一体化

发展。当前，贫困问题解决需要发展工业，将贫困人口纳入工业生产的经济系统中，提供就业机会，创造财富和享受福利。

当前，我国经济社会问题都可归结为结构问题，有工业布局结构问题，有城乡关系的社会结构问题，正是这些结构问题的交互制约，反映在区域层面上，结构问题表现为"四化"的不同步，因而问题解决的关键在于构筑城乡一体化的城镇体系，通过发展工业吸纳剩余劳动力，建设中心城镇，集聚都市功能，发挥地域中心性，营造良性的地域经济生态，构筑物质循环、文化保存的生活圈。从而城市向农村辐射城市功能，提供公共服务，防止地域人口过疏化带来的危机，如基础实施利用下降，更新成本上升，甚至田园荒芜。

因集聚效应、规模效益，工业发生地理空间上的物理集中，通过高效生产可获得高收益，在市场的资源配置下，这种不平衡收益促进农业剩余劳动力的就业转移，推进人口向城镇转移。因此，需要适度利用非均衡发展的增长极理论，适应规模经济和集聚经济的需要，有选择地发展中心城镇，改变传统乡镇企业的发展方式，规划产业园区，让产业进园区，让园区产业间协作形成企业或产业间生态性，实现循环经济。通过园区建设带动城镇化发展，实现农村剩余劳动力就地转移，拓展地域整体集聚能力，发挥城市服务经济的规模效应，提高城镇的中心性，让城市功能辐射到农村。应对工业产能过剩、环境压力和资源短缺等问题，一方面需要产业转移和重新布局产能，另一方面需要工业与新的技术融合发展，创造出新的需求，促进产业升级转型。只有发展工业才能消化剩余劳动问题和解决贫困问题，必须改变发展经济的思路，打破农村以家庭为单位的自足自给的小农经济，通过产业协作、地区层面或国家层面意义上的经济生态，将贫困人口纳入工业生产中来，参与生产社会福利并享受社会福利。

（二）信息化适应科技发展，推进产业结构转型提升经济质量

信息化是当代科学技术即信息技术的广泛应用，其应用有在工业、农业生产中的应用和非生产领域应用。首先，信息化推进着生产技术的转型升级，使生产更加智能化、高效化。在当前经济全球化背景下，信息化让世界趋向透明化，使创新资源更容易在全球范围整合，推进产业间的融合发展，迅速推进产业升级。以数字制造技术、互联网技术和再生性能源技术的重大创新与融合为代表的第三次工业革命，以大规模定制制造颠覆着当前的工业形态、产业内容，乃至社会组织方式发生巨大变革。规模生产转向定制生产、刚性生产转向柔性生产、工厂生产转向个体生产、集群生产转向开放生产、分工生产转向融合生产。其次，信息化也改变着人们的生活方式、工作方式。信息化成为城镇现代化的基础，是现代城镇的重要基础设施，是智慧城市的必备条件。城镇化是社会分工协作的需要，是集聚经济、规模经济的需要，信息化更强化资源配置、整合的效率，而第三次工业革命将成为构筑地方中心的城镇化建设的重要转机，是地方时代到来的讯号，适应分散性生产、就地销售，通过有选择性的集中推进城镇化建设构筑经济圈和生活圈。因此，必须强化区域内信息化基础设施建设，通过信息化强化经济圈内与圈外的协作，融入更大的经济圈域中。另外，信息化与农业现代化紧密关联，使农业易于管理和监控，科学合理地控制生物生长，通过获取市场信息，降低风险和生产成本，确保粮食的安全供给。信息化体现为信息提取能力和数据处理能力，信息化是市场经济发展的重要基础，是构建公平社会的基础，通过信息化有效发挥市场对资源的配置，信息化是现代社会管理的需要，克服因信息不对称导致社会结构分化和社会不公平，同时有利于提升工业化、城镇化、农业现代化发展质量，促进三者协调同步发展。

（三）城镇化积淀集聚能力，搭建互动平台活化地域经济

城镇化是适应规模经济和集聚经济的需要，是人口和产业的空间集聚，同时也是农业规模化经营的前提。城镇化是都市功能集聚的社会转型过程，在分工与协作中形成都市型经济生态，提供各种生产性服务和服务性生产，有益于工业健康有序发展，并提供居民优质的服

务需求。城镇化为集聚创新型人才，并通过人员内外的广泛交流，实现知识的增值。

经济运行的基础是生产—消费的有序性循环，粮食需求解决后，经济发展主要重点在于提高生活质量，通过农村就业转移，参与社会生产和分享社会福利。城镇化是农业现代化的前提，农业剩余劳动力不能有效转移，不便于推进农业规模化、现代化经营，也不利于农民自身的生活改善。中华人民共和国成立之初，优先重工业发展，构建了一批区域性中心城市，因工业积累的需要，抑制了消费，从而制约了城市功能的完善，工业与农业、城市与乡村趋向二元化；改革开放后，发展外向型经济，生产主要满足民生需求，由此形成沿海特殊的区位优势，造成城镇体系的区域性不平衡。从构建和谐社会的视角看，城镇化必须适应城乡一体化发展的需要，城镇集聚目标在于构筑地域中心，集聚都市功能、发挥规模效应的地域经济的载体，因此需要打破市县建制的职能定位局限。从解决"三农"问题看，必须把贫困问题与城镇化关联起来，引导走城镇化道路，转移农业剩余劳动力，脱离低效率精耕细作或粗放经营。通过城镇化吸纳农村剩余劳动力实现劳动就地转移，保存地方整体上的中心性，从而拓展产业发展空间，拉近城市与农村的距离（如市场距离），实现生产与消费的经济生态。城市向乡村辐射城市性功能即提供公共物品，若没有地域中心城镇，城市化趋向跨地域，造成乡村地域生活成本的上升，公共设施不能得到修复，从而成为地域危机。当前经济社会转型发展，即产能过剩、要素成本上升，经济发展依赖于内需拉动，这将是城镇化发展的转机，有利于构筑地方中心性城镇。

城镇化是社会发展变迁的结果，却也成为经济社会转型发展的载体。当前，城镇化被认为是撬开内需的大门，普遍认为城镇化建设可以拉动经济增长。工业化后期发展最快的是服务业，新型工业化的主体含义是生产性服务业的快速发展[1]。城镇化必须成为活化地域经济

---

[1] 梁小青：《新型工业化与城镇化关系辨析》，《商场现代化》2009年第5期。

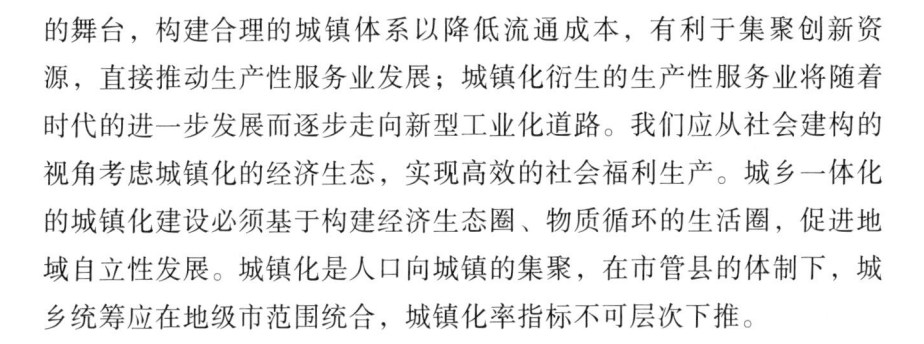

的舞台，构建合理的城镇体系以降低流通成本，有利于集聚创新资源，直接推动生产性服务业发展；城镇化衍生的生产性服务业将随着时代的进一步发展而逐步走向新型工业化道路。我们应从社会建构的视角考虑城镇化的经济生态，实现高效的社会福利生产。城乡一体化的城镇化建设必须基于构建经济生态圈、物质循环的生活圈，促进地域自立性发展。城镇化是人口向城镇的集聚，在市管县的体制下，城乡统筹应在地级市范围统合，城镇化率指标不可层次下推。

（四）农业现代化释放劳动要素，迎合结构转型平衡城乡差距

农业现代化在毛泽东时代就被提出。很多学者仅从微观经济主体视角探讨农民增收，强调农民学技术等，农业现代化看似一场农业生产的技术变革，其实是一场社会结构变迁。在粮食需求解决后，强调农业现代化的逻辑基点是什么很关键。农业现代化似乎只是近年来因结构转型而逐渐变得重要和可行，因为农业现代化必须满足三个条件：一是种粮必须有利可图；二是大量农业人口必须脱离土地束缚；三是技术能力。工业与农业发展息息相关，源于农业生产力的发展，创造出剩余和农村小农经济的分化，许多国家的工业革命与农业革命休戚相关。工业革命是一场生产组织的革命，从而是一场制度变革，常伴强权政治的参与，工业在资本和科技的交互作用下，按其自身逻辑发展。先发国家曾通过"羊吃人"方式使小农经济崩溃，在推进全球化进程中，致使生产地和消费地的分离，落后农业国家被卷入世界分工的生产体系，形成中心—外围的结构关系。落后国家为摆脱不平等的世界分工体系，必须构建自己的工业体系。

农业现代化是工业化的后期发展，需要工业提供必要的技术和设备。20世纪50年代毛泽东设想在农业合作化基础上推进农业现代化，以人民公社为单位发展地方工业吸纳剩余劳动力就地转移。因当时科技尚未能满足推进农业现代化的条件，先合作化（集体经济）再农业现代化只是逻辑上的先后，因制度承接上存在真空，又因公社去工业化，农业现代化伴随城乡一体化制度构想破灭了。经过相当长的工业化积累，相关技术趋于成熟，可以支持农业走向现代化。伴随工业化发展，农村剩余劳动转移释放，近年刘易斯拐点已显现，农业在一定技术水平下达到一种剩余释放的平衡点，即劳动价值层面的劳动资源配置的平衡，由此，农业生产由低效率的精耕细作转向农地粗放经营，农产品价格出现多波上涨。农业劳动的价值回归，可使种粮变得有利可图。但依靠粮价上涨的低效率农业生产，无益于整个社会发展，从而引发整个经济系统的通胀。因此，在此节点上，必须逐步推进农业集约化、规模化生产，推进农业现代化，提高生产效率，确保粮食安全。农业现代化体现为以企业为主体的农业产业化经营，规模经营可降低农产品的价格，使组织化生产效益大于个体经营，从而析出农业剩余劳动力，支持着工业的有序发展。

三 "四化"同步发展的逻辑分析

（一）演化发展逻辑下的"四化"同步的困境与机遇

分工与合作的社会化生产是现代经济的特征。自给自足的小农经济向现代经济过渡是社会的结构转型，同时，社会转型也是获得生产力解放的重要保障。从演化发展的视角看，自给自足的小农经济是现代产业经济的母体，尚未完全分工化。社会分工推进专业化生产，促进地方集市或集镇的发育，构筑起地方的生活圈，形成地方经济生态。专业化生产促进生产效率的提高，拓开社会需求面，促进商品化经济繁荣。分工协作有效整合了资源，从而衍生出工厂化的集中性生产，形成特殊的业态——工业，在生产与消费交互作用下，地域市场得到繁荣，城镇体系由下而上逐步发育起来。伴随着技术的发展，运输方式和生产方式得到根本性突破，地域交流圈、城市成长空间不断拓展。

工业拓展开了人的需求空间，同时也为工业企业提供广阔的活动空间。工业企业通过适应规模效益和集聚经济的需要，不断地组并、扩张，为更有效整合资源而向大城市集聚。由此，破坏了地域性经济生态，导致全国市场一体化，使满足和提供地方性服务、福利的乡村或小城镇企业难以立脚，能立脚下来的小城镇企业也不再是为本地居民而生产。社会进入了更广域的经济生态体系，生产与消费发生地域性分离，生产不再仅满足本地区人民的生活或消费。小城镇为中心的地域性经济生态被打破，进入更大的一体化的经济体系中。经济全球化更是颠覆局限于国家内部的生产与消费关系。

我国因工业追赶式发展，没等小城镇发育成熟，大城市时代突如其来。我国城乡差距的形成源自于城镇格局，受制于工业化战略选择。中华人民共和国成立之初，国家积贫积弱，而世界工业已进入了第二次工业革命的后期，我国还处于前工业革命水平，仅有少数沿海城市有少量的近代性工业，毛泽东总结近代以来中国工业化的经验教训，实践在民族独立基础上，推进经济独立的工业化建设。在国际经济封锁下，毛泽东选择发展重工业为主导，优先发展重工业的工业追赶战略，而非选择轻工业重演工业化历程。因重工业的规模经济影响，直接促进大城市形成。在平衡布局生产力政策下，在区域层面上构建起一批中心城市或新兴的工业城市。工业化是一个积累过程，积累必然抑制了消费，从而制约城市功能的完善，优先发展重工业，影响到与农业紧密关联的轻工业发展，制约地方经济的活跃和城镇体系的发育。因生产力水平低，农业基础薄弱，粮食生产不稳定，制约放开手脚搞工业，毛泽东提出农业也要积累，要求发展工业与发展农业并举。

改革开放后，政策倾向发展外向型经济，让廉价的生产要素进入世界生产体系，由此，沿海地区利用地理区位优势，迅速发展起来。从经济循环视角看，生产和消费应是一个整体，而外向型经济，生产不是为了满足居民消费或改善民生需求，生产与消费是完全脱离的。低劳动回报的经济生态不利于消费和民生改善，同时，外向型经济生产特性使得沿海地域的区位优势显化，从而生产要素的劳动流动取代产业梯度转移，最终，受低劳动回报的消费制约，导致中西部的地方城镇化发展缺乏后劲。市场化改革后，因规模经济和集聚经济效应，地方政府在政策上更多的是关注代表增长极的中心城市的发展，受市县职能定位制约，地方乡镇、小城镇发展受阻，导致农村劳动力就地转移成为困难，最终结果是跨地区城镇化或劳动力跨地区季节性转移。因而，外向型经济体现为低成本工业化、高成本城镇化。乡村地区经济系统的内循环已丧失，在全国性经济大系统中，如何弥合乡村经济循环成为"四化"问题的关键所在。

当前，我国经济面临劳动配置趋向结构性平衡，出现价格上涨，即所谓刘易斯拐点，另外，因世界性结构失衡，发达国家选择再工业化，发展实体经济；在世界经济不景气下，我国出现产能过剩，经济发展需要依赖内需带动；发达国家企业以零库存架势适应迅速的产业升级和产品更新，我国产业需要适应世界经济的变动，推进着产业转型升级，适应内需经济需要，推进产业转移，合理布局产能。这将是地方工业化、城镇化、城乡经济一体化发展的方向所在和重要机遇。当前，我国居民生活水平与发达国家还存在很大的差距，同时，存在地区差距、城乡差距等贫困问题，必须发展工业、创造福利、满足民生需求。适应新的转型发展的需要，有选择地发展地方中心城镇，推进城镇化构筑地方经济、社会转型发展的载体。发达经济体在完成工业化，推进信息化时代，我们在工业化途中遇到信息化浪潮，因此必须坚持追赶发展的思路，选择以信息化催化工业化。

（二）结构逻辑下的"四化"同步的城镇体系与经济生态

现代社会为一种结构存在，任何活动都处于一定的结构框架中。工业化是社会化的生产，其根本特征就是分工协作，从而有效提高生产效率，正是因社会结构变迁，使得部门间能趋向平衡发展。然而，在现代社会变迁中，为何乡村总是贫穷落后？这是破解"三农"问题的实质所在，也是"四化"的结构症结所在。显然分工意味着协作化，也意味着结构体系的形成，需要两部类生产保持比例协调，形成地域性的经济生态。在这种经济生态中，实现劳动配置上的平衡，即实现劳动价值的回归。从地理视角看，形成近似均质的城镇体系。两部类生产比例协调只是特定时间节点一种静态的平衡。

社会分工使粮食外需求的生产从小农经济中分离出来，从而人口从农业中分流出来，趋向城镇化的集中，逻辑上意味着农村人口比重逐步减少，农业愈加专业化生产。社会因分工而形成城镇体系，形成城市社会和乡村社会，即构成两部类生产体系。中华人民共和国成立后，我国伴随工业化发展，城市数量和城市人口绝对数逐步攀升（如图4-1），由此，形成具有职能划分和定位的市县建制。从长跨度时段看，因农村容纳人口弹性较大，农村的人口再生产又填补了转移出去的人口，回归到小农经济中，农村似乎成为承担人口繁衍的重任，在人口政策上对农村要松于城市，最终提供出源源不断的"剩余劳动力"。从而在宏观上看，农村陷入贫困泥潭。既然推进城镇化是结构调整的需要，那么政策上就必须控制农村人口反弹，抓好计划生育工作，同时，避免农村人口转移而导致过疏化，对于避免过疏化的有效方式，在于构筑地域中心城镇，必须强化县级地方行政的城镇化职能。

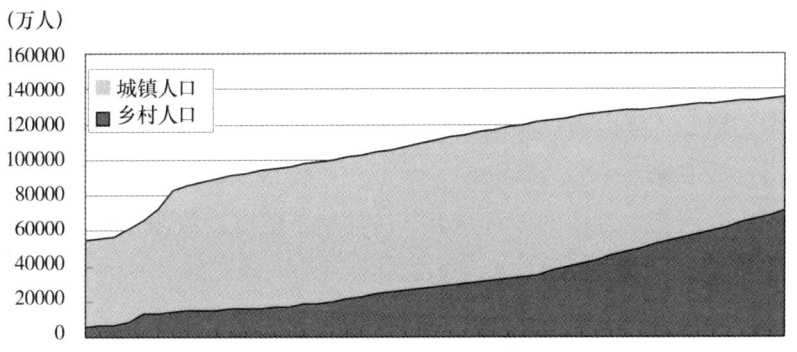

图4-1 我国城市人口与农村人口比较

区域发展不平衡和城乡差距问题源自于一个结构问题，是一个问题的两个层面，即城镇体系问题。城镇体系结构内含着经济结构和社会结构。在当前的转型发展的关节点上，外向型经济出现了转折，传统产业普遍出现产能过剩，产业发展方向已不是产能扩张，而是推进产业转型升级，通过技术提高生产效率，缓解劳动资源稀缺化导致的成本压力，通过创新创造出新的需求，引领经济新一轮的发展。我国劳动力成本持续上升，发达国家实行再工业化，出现制造业回撤迹象，由此，需要调整经济政策，推进以内需为主导的转型发展，在结构调整中实现资源、技术、劳动要素、消费市场的再平衡，重构趋向有利于中部地区发展区位条件，合理布局产能。当前，城镇化在极化效应下已造成大城市巨大的承载压力，而中西部地区的地方城镇化发展滞后，需要依托城镇化构建地方中心城镇，为城市功能集聚和产业承接提供载体或创造空间，通过城镇化吸纳农村剩余劳动力，实现就地转移，通过城镇化改善生活方式和提高生活质量，营造城镇与乡村资源互补，良性的地域物质循环的生活圈、经济圈域。当前我国劳动力成本上升和国际制造业资本撤回迹象，学界担心"世界工厂"地位丢失，忧虑剩余劳动力去向。从国家层面看，这意味着生产和消费相分离的外向经济生态出现了拐点，为营造新的经济生态提供重要的契机，即改变对外向型经济的依附，使生产趋向解决贫困问题、改善民生需求的消费。从生产—消费的循环结构视角看，满足需求就是解决贫困问题，适应内需型结构转型的需要，发挥市场对资源配置的基础作用，加强地方中心城镇建设，承接产业转移，使生产趋向消费地和资源地，创造地方新的经济生态，从而增强地方经济整体实力和竞争力，不至于在市场经济中处于边缘化。

农业现代化是依附于现代技术设备基础上的，生产组织方式的变迁，是工业化的后期发展，需要解决农民对土地的依附关系。中华人民共和国成立之初，毛泽东指出，农业必须先"集体化"再现代化，"必须先有合作化，然后才能使用大机器"[1]，构想以人民公社为单位发展农村工业，让工农协调发展。结构转型是一个系统工程，先合作化再工业化只是逻辑上的先后，在工业技术尚不成熟的条件下，农业现代化不能及时跟进，造成预设的制度结构危机。而后，农村家庭联

---

[1] 《毛泽东文集》（第5卷），人民出版社1996年版，第181页。

产承包责任制则是小农经济的一定程度复归。因此，在当前市场经济背景下，农业现代化，必须先人口转移，消除小农意识影响土地流转制约，必须将城镇化作为社会结构转型舞台，而城镇化必须以改善居民生活质量、创造更多的机会和享受更多的社会服务为前提，只有通过将贫困人口纳入社会生产中，创造社会福利和享受社会服务，才是最佳的发展选择。农民收入多元化后，改变了对农业生产的单纯依赖，在要素市场化配置下，农业劳动实现价值回归。当农村剩余劳动转移达到一个平衡点时，务工收入与农业经营收入趋近，劳动价值实现通过劳动价格上涨或通过农业趋向粗放规模经营导致的粮价上涨。因低成本工业化和高成本城镇化导致农民游离于城镇与乡村之间，希望获得城镇服务，却不能脱离土地，农田乃是农民最大的福利保障，退出难度较大。城镇化是社会结构转型的需要，必须以提供社会服务，创造舒适生活为前提，而不能让城镇化助长社会结构的分化。因此，必须及时推进农业现代化，提高农业生产效率，打破粮食与要素价格交互上涨格局。结构问题需要有明确的政策调整目标，在市场一体化背景下，构建地域经济生态，在地方行政层面必须克服地方分权体系下的产业竞争与同构问题，地方不顾及地域产业的结构优化。

（三）价值与效率逻辑下的"四化"同步的必要性与充要条件

社会生产即劳动的价值（财富或福利）的形成过程，生产能力体现在劳动投入和效率上，即两者的乘积。资本逐利本性是社会有序化的动力，体现为效益追求，促使社会利润趋向平均化，进而使社会趋向均质化。然而技术不断打破这种平衡趋势，破坏这种有序。资本通过管理效率获得更高的社会差价，管理效率亦可视为技术范畴。技术革新不仅打破原有经济运行的有序或结构的平衡，甚至是对原有价值体系的破坏，以创造新需求的方式，按技术拥有者期望的价格投入市场，演绎出经济的"雁行"发展。工业化是时代技术应用，在技术主宰的工业化时代，当技术突破现有产品的质量或类别时，技术拥有者便主导产品定价权，从而社会财富向技术拥有方集聚。信息化是当今技术的时代表征，我们在融入全球化发展中，必须推进工业化与信息化的融合发展，把握技术发展动向，积极应对新的技术引起的转型发展。价值实现不等于效率实现，而价值得不到实现则会制约效率提升，在既定技术能力下，依赖于价值实现引导个体劳动参与积极性。技术和管理组织的效率实现是资本或经营者追求所在，而资源配置引起的劳动价值扭曲中，改善技术效率的成本大于劳动成本，从而制约技术效率改善。

农业和工业两大部类生产中，农业主要解决人类生存的粮食问题，在既定人口条件下，粮食需求弹性不大，居民生活质量要求的提高通常只导致粮食消费结构的变化。因此，在粮食满足需求的情况下，若政策只强调粮食安全而维持工农二分的经济结构，往往因粮食过剩导致粮价下跌。农业偶有增产，也只是丰收不增收（收入），勤劳并不能致富。工农二分的结构下，农业生产因劳动投入趋向精耕细作，无法形成市场价格机制，粮价多依赖政府指导价，存在严重的"剪刀差"。农业劳动的价值回归，须通过工业化和城镇化转移，当劳动配置达到一定平衡时，即农村劳动要素趋向稀缺时，价格机制才会奏效，粮食价格形成趋向于农民比照社会平均收入水平，安排农业生产的劳动投入。粮食价格上涨是农业劳动价值回归，使得种粮有利可图，然而在农业分散经营状态下，劳动价值回归意味着用工成本的上升，从而使得农地使用粗放。显然，推进工业化和城镇化是"三农"问题的出路所在，也是推进农业现代化的重要前提。农业部门对于容纳劳动力来说，是一个富有弹性的部门。农业劳动力剩余与否，不能以土地投入劳动的限度来界定，而是基于价值视角的产业劳动力资源配置平衡的需要。所以问题必须是围绕劳动价值实现。农村剩余劳动通过市场化资源配置，实现转移，使粮价实现理性回归，从而有效提高农民收入。劳动收入增加带来需求层次的提高，从而增长的需求带动整个经济的活跃，即所谓的经济内需拉动，进而农村居民生活质量得到改善，即实现脱贫。粮食价格上涨是农业劳动价值的回归，意味着农业劳动价格上涨，进而导致整个工业劳动价格或成本上升。

当前，伴随工业化的农村剩余劳动转移释放，我们面临着劳动资源"稀缺化"，农业劳动价值实现回归，也正因农业劳动价格上涨，即请工成本高，导致农业粗放式规模生产，土地利用率下降，造成农产品价格持续走高，这也带给城市居民生活的压力。然而，农业劳动收入满足于不依托技术进步的价值回归，却不利于国家整体的健康发展。因此，在当前的节点上，有必要推进农业现代化，而现今时代的技术表征为信息化，即通过信息化有针对性地控制和调节生物成长，通过市场信息获取，实现与城市需求对接，通过农业现代化继续释放出剩余劳动力，农业现代化体现为以企业为主体的产业化经营，以规模经营降低生产成本，使组织化经营收益高于分散经营，从而将农民嵌入农业产业化链条上，有利于确保粮食安全。

从劳动价值论视角看，在开放系统环境中，可再生劳动产品的价值应以劳动价值（劳动量）来衡量，确保要素充分流动性，从而劳动价格趋近平衡。在市场经济背景下，资本逐利逻辑下，显现出规模经济与集聚经济特性。乡村生活赖以依存的小循环系统的结构平衡受到现代城市工业的冲击或破坏，社会主义市场经济也明确要求打破地方市场分割，即市场趋向一体化，由此，乡村进入了一个大的系统环境。而在一体化市场经济环境下，若控制农村劳动流动和转移，本身就违背市场的原则，必将导致交换价值的扭曲，即产生工业对农业剥夺。所以，应该尊重劳动，让劳动合理流动，共享经济社会发展的成果。而当前，因产业政策引起结构问题，不适应要素自由流动需要，因而，必须推进城镇化，构筑合理的城镇体系，合理布局工业产能，形成生产—消费相接近的经济生态圈。

四 基本结论

经济发展动力源自于需求，生产—消费构筑起一个经济循环结构。而在市场化和全球化背景下，生产地和消费地逐步分离，我们依赖劳动要素优势发展外向型经济，生产主要不是满足内部消费，形成沿海地区区位优势逐步显化的格局，经济增长表现为外需主导的工业投资拉动，因而，工业与农业、城镇化关联性较弱。当前这种经济结构及其形成的区位格局已表现出不可持续性，愈加制约着我国经济社会发展。"四化"同步是基于新时期我国面临的现实问题和世界经济发展动向而被提出，因此，需要将工业、农业、科技以及社会结构变迁纳入一个系统通盘考察。当前，出现工业产能过剩，劳动成本趋升，区域差距、城乡差距依然存在，"四化"推进出现了理论的困境。城镇是社会转型发展的载体，适应工业化进程、社会转型发展的需要。城镇化问题是社会结构问题，该结构问题包括地方层面、国家层面乃至世界层面问题，还存在某些因素导致结构固化。因而，依据城镇化率与工业 GDP 比重比较来判定城镇化与工业化同步是有失科学性的，在市县行政体制下，不宜抛开地区层面而论城镇化率和工业比重。政策引起的要素流动限制易造成结构固化，而结构转型升级需要经历由量变到质变的过程，还需有破坏性力量。转型是旧结构的瓦解，新结构的形塑，进入新的有序化，因此，当前确定什么样的结构非常关键。

"四化"同步发展的基本逻辑在于，在市场经济背景下，工业需要发挥集聚性和规模效应，集聚是一种节约，需要城镇化为工业化创造载体平台。从社会学视角看，城镇化的意义在于提供更好的生活质量，城镇化集聚城市功能，以规模经济效应为社会提供服务的生产。农业与工业满足的需求存在刚性差异，还受技术水平限制，需要保持劳动资源分配上的价值实现层面的平衡。人口城镇化需要农业提高生产效率，克服人口城镇转移引起的农村劳动力资源稀缺化，造成粮食安全问题，即农业现代化。从生产—消费的经济循环视角看，工业生产是否满足人的需求、满足什么人群的需求很重要，工业积累时期的重工业和外向型经济的工业化生产更多的不是为了居民消费，因而都不利于城镇化和城镇体系发育。科技推进着工业不断转型升级，信息化是当今科技应用的时代表征，改变生产方式和生活方式。因此，结构转型是"四化"同步发展的逻辑起点，当前需要适应经济发展向内需型转变，推进工业化创造社会福利，改善民生需求，解决贫困问题，推进城镇化构筑产业承接载体，通过城镇化集聚地方城市功能，提供居民服务需求。适应科技应用的信息化，推进产业转型升级，提高生产效率，创造新需求（信息化本身也是一种社会需求），推进农业现代化提高生产效率，改变因劳动力稀缺化引起的农业粗放经营态势和缓解粮价上涨压力。因此"四化"协调是构建环境友好型、资源节约型社会，适应集聚经济和规模经济的需要。还必须把解决区域差距和城乡差距问题作为主要目标，以趋近消费和资源地内需经济发展的需要，构筑以地方中心城镇为载体的经济圈、生活圈、文化圈。

第五章

平衡发展的忧虑：极化效应下县域经济发展进路、瓶颈与出路

区域经济平衡发展战略应是我国现代化过程中的基本方略。区域平衡发展不仅具有政治、社会价值，而且还可以取得比区域非平衡发展更高的区域经济增长效率[①]。区域如何均衡发展，相关理论认为，由市场推动的区域平衡过程是漫长的，实现区域均衡具有历程低效率；由政府推动的区域平衡发展，强调公平却牺牲了效率。当今，产业的发展平衡不仅仅是依赖增加劳动力、增加资本投资就能实现，技术创新成为产业发展的关键推动力，技术创新对不同产业产生不同的影响，决定着产业间的平衡和不平衡关系[②]。不平衡发展与平衡发展是一个辩证的过程，其演变的经验证据："倒 U 假说"，赋予不平衡发展充分的合理性，一定程度上纵容了不平衡。当下，针对不平衡格局，我们从伦理视角下就衍生出"包容性增长"理念，因而，产业平衡发展内容直接内含于包容性增长理念，即包容性增长强调机会均等和成果共享的增长方式[③]。现实中，区

[①] 袁政：《区域平衡发展优势理论探讨——城市相互作用理论视角》，《武汉大学学报》（哲学社会科学版）2010 年第 5 期。

[②] 夏锦文、王波：《技术创新和产业的平衡与不平衡发展》，《特区经济》2006 年第 4 期。

[③] 周柯、曹东坡：《欠发达地区产业平衡发展与包容性增长研究》，《中州学刊》2012 年第 3 期。

域间不平衡显著加大，在区域经济日趋极化的发展背景下，我们又强调市场决定资源配置，单凭借市场力量，能否发挥其预想效果不得而知。

"四化同步"是当今中国结构问题出路的凝练概括。"四化"是发展的历史延续，其格局是技术演进逻辑下的社会结构在地理空间上的反映。在全球化、市场化背景下，技术创新与技术扩散引起经济波动，影响到经济结构和社会结构变迁。结构问题主要表现为城乡差距与区域不平衡。学界普遍认同"以城带乡"、城乡一体化、区域一体化为解决问题关键，但相关经验模式多局限于大城市圈。经济危机后，结构问题体现于生产与消费的结构体系，"四化同步"成为破解经济社会结构问题的关键。"四化"同步推进依据其内在的矛盾作为动力不足以解决其面临的困境，问题核心不在于宏观的国家层面，而在于具体的地域（县）或地方（地区）层面。作为粮食主产县的发展之关键也还是"四化同步"。"四化"即新结构塑造过程，在地域经济城市群化背景下，区域协调发展受行政分割和功能分区的局限，行政协调至关重要。

地域经济系统不断演进，行政划界的县域经济在产业分化、功能特区化、地域开发利益属地化等变迁中走向分化，在市县行政分权的竞争格局下，结构问题不断加深。上一章论述了"四化同步"的基本逻辑和实现条件，本章深入县域经济层面的"四化"问题。县域行政区是城乡经济社会发展的综合体，是城乡一体化战略的重要支点，粮食主产县则要承担国家粮食安全生产战略的责任。县域经济发展是城乡一体化的关键，作为独立的地域经济区，其发展出路，无疑是工业化，而行政划界的县域经济在产业分化、功能特区化以及行政分权下利益属地化等结构变迁中，走向分化，产生行政区化的功能分区与地域开发利益的紧张，在市县竞争格局下，结构问题不断加深。

近二十年来，建制县数量逐步减少，主要由于撤县设区的影响，以及整县升级为县级市，部分县级市升级为地级市，2016年年末，我国县级行政区2851个，940个市辖区、363个县级市、1377个县、117个自治县。地域经济系统伴随技术变迁，其活动范围逐步扩大，趋向专业化、集聚化，进而在区域经济层面呈现为功能分区化，因地域间功能分化程度的差异，合理的地域经济空间范围变得模糊。由此，在县域经济体系与地域经济圈、功能分区与区域结构平衡、行政主体间责任与利益分配的内在逻辑关系未理顺，从而发展县域经济困惑重重。相关研究有从区域层面探讨行政区行政到广域行政的治理问题，区域协调机制研究并未深入具体地域深层次矛盾的解决，注重追寻市县竞争格局下的制度设计，倾向于"扩权强县""扩权强镇"问题，意向于复归省管县行政体制改革，其实质是在行政分权体制下追求地域开发利益属地化。行政区经济有其存在价值，但行政区经济合理性有其适应范围，在多层级政府体系中行政职能有其差异性，不可层层复制，重要的是架构行政分权，应对事权与财权关系。从事权与财权对等来看，问题并非要割裂市县纽带关系，关键在于构建区域范围地域开发利益共享机制。存在地方财政权的区域分化、非移动性要素区间差异与累积循环形成的非平衡，县域经济需要具备自立性，强化地方自主财政权与财政自给能力。

地域经济系统中县域经济发展存在功能剥离与结构肢解的陷阱，建立在区域发展利益分割基础上的功能区化和行政区化，构成事权与财权的矛盾实质。发展县域经济关键是处理县域与区域经济系统的结构关系，统合经济结构与社会结构；核心是权衡价值实现与效率实现，处理行政分权与功能分区、利益分配体制。因此，发展县域经济，必须厘清县域经济的发展规律，揭示县域与区域经济的系统与结构关系，统合经济结构与社会结构，权衡价值实现与效率实现，处理好行政分权与功能分区、开发利益分配关系。

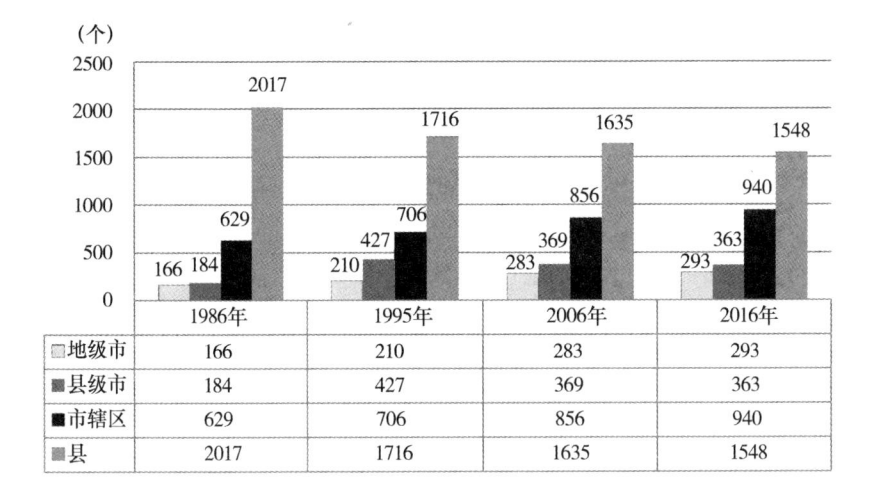

	1986年	1995年	2006年	2016年
地级市	166	210	283	293
县级市	184	427	369	363
市辖区	629	706	856	940
县	2017	1716	1635	1548

图 5-1 中国大陆建制县、市、区行政变化状况

数据来源：中国行政区划网。

一 行政分权与功能分区化路径下的县域经济"存在"

（一）功能分异的行政区经济区划局限

县域经济是行政区划型区域经济，由中心城镇和农村腹地构成，经济部门齐全，具有一定的主体独立性和能动性。我国县建制历史悠久，在适应现代经济社会转型时，必然受传统制度框架的约束，由此，需要在探索中推进我国行政区划调整和政府治理模式变迁。城市型行政建制的诞生是因城市管理的需要，而在地方分权格局下，城市经济便成为县域经济的对立面，由此，市与县的关系体现为城与乡的割裂化。中华人民共和国成立后，在市县分治的行政管理体制下，以"切块设市"方式设立了一批城市，城市脱离周围农村而孤立发展，经济陷入条块分割和城乡分离的二元管理格局中。20世纪80年代，为让中心城市拉动周边县域经济发展，推进了地区体制改革，实行地、市合并，设置地级市建制，即把城市型行政建制变为地域性行政建制，赋予地级市领导县的职能。20世纪90年代，为应对县经济社会发展的新形势变化，国家又推进一项重大的行政体制改革，即撤县建市，替代了切块设市模式，县级市也成为地域型行政建制。从主体视角看，市和县代表着各自区域利益，承担着不同的责任，享有各自经济利益。市管县体制暗含将市县关系视为一种城与乡的关系，从而一些市集中县财力建设地级市，造成"市压县""市刮县"局面。就县与县级市而言，在行政管理上存在隶属层次的不同，县政府由地级市政府或行署直管，而县级市由省政府直管、地级市政府或行署代管，拥有"副地级市"审批权，县政府职能重点在乡村，县级市政府职能侧重于城市建设。

　　随着区域经济一体化发展，行政区和行政体制掣肘县域经济发展，各类问题逐渐浮起，由此，党的十六大提出要"壮大县域经济"。当今的县域经济体现为传统与现代交织，其发展依赖于现代城市经济和传统农业经济改造，城市经济源自于传统经济的分化与集聚，而区域型城市建制则又与县域经济同构，若这种同构建立在更高行政层级上，县则成为城市的腹地，由此，导致县域经济发展定位选择困惑，进而制约工业化和城镇化进程。因缺乏对县域经济发展规律的认识，在指导思想上把县域经济等同于区域经济、等同于农村经济①。学界探讨"市管县"与"省直辖县"的优缺点，较为强势的见解是"扩权强县"，改变现行"省管市—市领导县"模式，由省直管县，或建议推行"市辖区"，推进辖区由弱到虚，成为市政府的"连锁店"。

（二）部门分离的城市与乡村经济结构约束

　　在现代化进程中，县域经济由单纯的农业和农村经济转变为综合型经济，建制县的政府职能也由早期的司法、民政延伸至政治、经

---

① 朱孔来、倪书俊：《试论县域经济的特点和发展》，《宏观经济管理》2006年第1期。

济、社会事务等领域，如今已演变成为中央政府在基层的"微缩体"，机构设置上下同构。中华人民共和国成立后，在平衡布局生产力指导思想下，建设重工业体系，形成一批中心城市和新兴工业基地，为让农业更好地支持工业建设，强调农、轻、重比重协调，1957年12月，中央政府发出《关于制止农村人口盲目外流的指示》，实行了严格的户口管理，从而，城乡分割的管理体制被强化，以农业为主体的县，农村劳动力被固定在农村，城市化长期处于停滞状态，工业化局限于消化城市内部的人口增长。

  县域经济因产业集聚而分化，工商业集聚则凸显城市的地位，从而导致将县域经济的核心部分剥离的"切块设市"，在城镇化过程中，城市发展离不开腹地，进而诞生出了"市管县"的区域型城市建制。"整县改市"也是对孤立城市化的修正。在计划性行政体制下，市县受功能定位约束，市的建设重点在城市，县的建设重点在农村。早期县域经济发展具有相对独立性，犹如杜能"孤立国"假设，能构成完整的地域生活圈和经济生产体系，生产和消费受空间约束。当今，地域经济发展取决于现代产业发展壮大与聚集，随着空间壁垒的突破和制度的转型，县域经济需要由行政区控制型向市场导向型转化，县域经济在长期的分化中，呈现出发展水平地域性差异，发展阶段上的非同步性，因而在经济空间上，"行政区经济"与"市场区经济"非叠合，关系变得复杂，从而造成对县域经济发展规律认识得不全面，缺乏对县域经济结构的把握。县域经济受"切块设市"或"整县改市"的影响，不断蜕变为城市政区抑或城市辖区，因而，忽略地域分工，局限于县域范围的产业演化，则我国县域经济的工业化水平滞后于全国经济总体水平一个档次，故得出"处于工业化初期阶段"[①]的结论。行政区经济的发展，常立足于自身经济结构和社会结构转型，依据发展的主导因素，县域经济发展模式则分区位导向型、

[①] 张秀生：《县域经济发展：现状、问题与对策》，《武汉大学学报》（哲学社会科学版）2007年第4期。

资源导向型、资本导向型、市场导向型、产业导向型、企业导向型、体制导向型等类型①。然而，县域经济发展经验不具普适化，大部分县域经济的结构单一、层次低，工业需要"弱质"农业的支撑，有观点认为，县域经济不能"小而全"，要发挥比较优势，突出重点产业。

（三）地方分权激励的财税体制的牵制

我国的地方分权改革推进是让地方政府在经济建设方面有所作为，与地方分权相配套的是激励性财税体制，分税制条件下的地方财政体制包括省对地市、地市对县、县对乡镇三个层面的财政体制。层层复制的分权模式使得地方政府间构成竞争性关系。在传统向现代转型中，城市型政区一经诞生便走向传统建制的县域经济对立面，进而建制市因扩张性需要和属地化开发利益增强，演变为区域型行政建制，乃至市"领导"县体制。城乡分治是一种功能分区化，在行政区化的治理格局下，导致城市脱离周围农村腹地而孤立发展，最终束缚了城市发展或城镇化。在分税制改革前，县域经济大多具有与中观调控基本适应的财力，主要来源于农业和非农产业的发展，尤其是乡镇工业的发展，再者就是中央"放权让利"政策。分税制重新划定了中央与地方政府的事权与财权范围，而对省级以下各级地方政府的事权、财权并未给出清晰统一的规定，由此，加剧了县级财政拮据的局面。对此，学界从政府层级角度探讨税种划分和调整，认为省直管县的财政体制有助于提高财政资金使用效率，进而有助于县乡财政的解困。县域经济发展不平衡，大多数县产业层次低，财政缺口大。2004年，中央政府为减轻农民负担取消了农业税，推进了政府层级调整，推进"强县扩权"改革，扩大县级政府经济社会管理权限，实行"乡财县管"改革，弱化农业为主的乡级财政。由此，2005年，

---

① 战炤磊：《中国县域经济发展模式的分类特征与演化路径》，《云南社会科学》2010年第3期。

中央政府为提高县乡财政保障能力，改善县乡财政困局，实施"三奖一补"政策，2009年，财政部明确了全面推行省直管县财政体制。

分税制改革在制度内外维持了地方既有的利益格局。省直管县财政体制有助于增强县级财政自给能力，但对于县乡财政解困并未取得明显成效，县乡财政解困的根本在于优化财政收支责任安排[1]。省直管县财政体制改革也旨在增强县市自主发展能力，县域经济只有在持续快速增长中才能实现财政解困。然而，当今县域经济趋向功能特化，农业主体功能化，由此，产生特定责任与自立发展的争论，有人将这种责任归为"国家支农不足"，也有人认为，县域经济应该是自立的经济，主要任务是农民增收，重在促进生产力要素快速流通[2]。县财力薄弱使得城镇建设严重不足，有人提出，按照分税制原则探讨县下设市模式[3]。

二　地域系统演进中县域经济的"机遇"与"瓶颈"

（一）县域经济发展中的"机遇"形态

1. 平衡布局计划下重工业的配套机遇

我国的现代化是一种工业化追赶式发展过程，中华人民共和国成立之初，在工业平衡布局的国民经济计划下，为适应重工业规模经济特质，建成了一批专业性重大产品生产科研基地和各具特色的新兴工业城市。通过区域协作与地方分权，促进地方主动性自立发展，建立自己的工业体系，构筑起了地方经济中心城市。在"三个主导""三个并举"原则下，要求农业机械化与国家工业化发展同步协调，在农业生产合作化基础上，推进农业技术改造；实行"两条腿走路"，发

---

[1] 贾俊雪、张永杰等：《省直管县财政体制改革、县域经济增长与财政解困》，《中国软科学》2013年第6期。
[2] 杨荫凯：《壮大县域经济促进城乡协调发展》，《宏观经济管理》2004年第2期。
[3] 闫恩虎：《城镇化与县域经济发展的关系研究》，《开发研究》2011年第3期。

展乡村工业促进国家工业化；推进农村走集体经济道路，为农业现代化开道，手工业合作化运动促进了一些轻工行业的形成和发展，地方专业的生产合作社逐渐形成企业化商品生产行业。

2. 市场化激发下地域经济内生机遇

十一届三中全会后，农村家庭联产承包责任制发挥农民分散经营的积极性，在逐步市场化过程中，满足地方局部需求的地方民营经济呈现蓬勃发展态势，乡镇企业成为县域经济的主要活力，而到了20世纪90年代中后期的开放经济背景下，乡镇企业逐步分化与衰落。

3. 政策导向下的地域开发的机遇

同时期，地域开发体现为政策主导型开发，开发区成为我国经济社会发展的一个重要领域，成为当地经济发展的新增长点，各地相继尝试建立经济技术开发区。邓小平二次南巡后，内陆省会城市成为外资重点"攻打"对象，党的"十四大"顺势提出全方位开放，开发秩序由重点省会城市到中等地级市，再向小城镇扩展，主要交通干线沿线地带的开发开放加快。由此，开发区经济与非开发区经济冰火两重天，一些"点""线"县城镇加入开发区建设"俱乐部"。国务院两次开发区清理整顿，特别是2003年的清理整顿，撤销了一大批开发能力低的开发区，这些开发区多为县设开发区，直到2008年金融危机发生，开发区新设、扩容受到严格控制。开发区大都依托老城区开辟新城区，在定位上就明确提出新城建设，如"工业新城、城市新区"等，吸纳了当地大量的劳动力。2010年，国务院明确提出支持开发区升级，扩区和区位调整等。为促进县域经济发展，各省市加快推进了县域产业集中区建设，产业集中区成为县域工业化和城镇化的重要载体。

如今开发区政策趋向普惠化或新政策取代而归寂于一种产业集中方式。因此我国的工业化和城镇化，由先大城市后小城镇的序列发展，县域经济囿于定位，开发相对滞后。开发区时代，开发"秩序"使得县域经济差距拉大，产业发展不平衡是关键所在，从而造成功能特区化倾向，功能区却又趋向行政区化、利益属地化。行政主体主导经济职能和社会事务职能，依赖于事权与财政权的一致，由此，地方政府或着重于地域功能结构的完整性，或偏爱发展二次产业，背离区域协调。县域功能定向化是行政管理需要，也是经济一体化过程中的集约化需要，而县域功能均衡化是适应行政主体利益的财政需要，因而，行政职能定位与分权结构之间不匹配影响到县域经济的发展决策和定位。

(二) 县域经济的主要发展"瓶颈"认识

发展县域经济要强调特色和发挥优势，可依托市场捕捉机遇，转化资源、培育集群，开发技艺、培育品牌等战略模式[1]。城市经济与县域经济趋向功能分区化，结果，后者普遍存在工业化水平低、产业层次低、中心城镇辐射带动力弱、农业可持续发展面临挑战等，问题集中反映在城乡统筹、"三农"问题上。县域经济由地理区位造成空间差异，由政策倾斜导致极化效应，由市场经济强化了空间差异，由地方政府的竞争加剧了空间差[2]。县级财政保障能力差，财政政策调控经济发展的能力极为有限，造成经济发展动力不足。学界从产业结构、产业层级角度指出县域经济的薄弱点，认为县域工业发展要在工业化生产的链条上，顾及自身的要素禀赋结构，不能盲目实行赶超战略[3]，也有认识到工业化、城镇化和农业现代化"三化同步"重要性。但县域经济发展有以下三个方面瓶颈。

1. 农业分散经营的结构转型瓶颈

农业为县域经济的主体，农村家庭联产承包责任制发挥过重要作用。近年来，因劳动力配置平衡化，使得农业劳动价值趋向回归，体现为粮价上涨和劳动价格上升，因用工成本上升，农业生产趋向粗放化。开放经济背景下，生产地与消费地逐步分离，生产进

---

[1] 王秉安、罗海成：《县域特色经济发展战略探究》，《中共福建省委党校学报》2013年第9期。

[2] 余方镇：《中国县域经济空间差异成因与均衡发展策略》，《生产力研究》2007年第10期。

[3] 金鑫：《关于欠发达地区发展县域经济的思考》，《中国特色社会主义研究》2007年第5期。

入更广域的经济体系，受梯度理论主导的宏观政策影响，因区位格局和极化效应，地域集聚力不断分化，劳动力跨区流动替代产业转移，由此，区域差距拉大，城乡距离拉远，工业反哺农业或城市带动农村依赖国家层面的支农惠农。城乡统筹缺少有力的城镇带动，跨区城市化加剧了极化，也将导致县域人口过疏化，使农村脱离城市。

2. 开发利益属地化的城乡一体化瓶颈

城市群在区际乃至国际竞争与合作中的作用越发重要，区域经济日趋一体化，县域经济发展不应为孤立的。行政主体的县在竞争性分权激励下，造成产业结构趋同、要素流动受限、缺乏准确定位及县域间缺乏认同等不协调的问题，常以限制要素流动的方式来寻求发展。在发展方式选择上，走单一的城市化、工业化道路；习惯政府主导，用地方政府决策带动经济发展；以县域行政区划代替经济区划，设法构筑行政堡垒。县域经济发展必须适应区域经济一体化，重在营造内生市场环境，优化产业结构。

3. 功能特区化趋势下的结构合理化瓶颈

县域经济不同于国民经济体系，其经济结构完整是特定阶段的表现，县域经济除受大城市集聚效应影响，还受主体功能区定位的约束。在主体功能区划下，农业或成为县域经济主体，但工业化、城镇化、农业现代化仍是县域经济不可忽视的发展主题和方向。劳动力跨区流动替代了产业转移，在用工成本普遍趋升背景下，又面临传统产业普遍产能过剩，县域产业承接存在巨大压力，面临着招商引资难，招工也难的局面，等等。处于分化中的县域经济，遭遇产业饱和，特色难以形成，发展依存于外部效应。县域城镇化受制于技术创新直接影响下的区域产业升级乃至产业梯度转移进程。当下，我国农业经营主体为传统农民，因劳动配置平衡化和劳动价格均衡化，用工成本趋升，使得农业走向粗放经营。

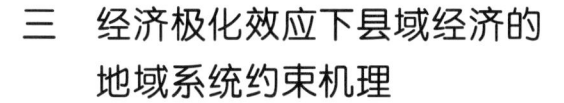

三 经济极化效应下县域经济的
地域系统约束机理

（一）地域经济的系统演进与结构性约束

地域经济随着生产的社会分工和专业化现代生产的集聚而趋向极化，县域经济分化和极化，已由泰尔指数、基尼系数分析所实证，在地方分权格局下，地域趋向功能分区化，由此，产生地域开发利益属地化与功能分区的紧张关系。伴随着技术变迁，地域经济逐步演变成为区域经济的子系统，因地域间功能分化程度的差异，经济活动圈范围与行政区的对应性模糊。县经济是中心城镇和农村腹地构成的区域经济，其发展体现在工业化、城镇化、农业产业化方面，受区域发展政策或区域发展状况的影响，在城乡分治的大环境下，工与农、城与乡的结构是分裂的，在地区层面，市县结构亦常体现为城与乡的关系。工业化是社会结构转型的重要环节，通过工业对农村剩余劳动力的吸纳，因职业居住选择的需要，进而推进城镇化。然而，抑制消费的生产体系却制约市场的活跃，影响城市功能发挥与完善。工业化局限于消化城镇内部的就业压力，因农业对劳动力容纳弹性较大，农村新增人口的迅速填补，城镇化效应不能显现（参见第十章对新型城镇化构想的论述）。市场趋向一体化的同时，地域间产业呈现专业化集聚式发展，结果是地域发展的不均衡，当缺乏中枢机能的地域中心城镇提供现代的生活设施、服务以及机会，则趋向跨区域城镇化，而跨区城市化对移出地来说是人口的减少，老龄化提前到来。那么，推进县域经济转型就需要调整产业形态，改变产业结构序列，选择发展壮大第二、第三产业。然而，产业选择城市集聚，在区域经济体系中，只能按"亚核心"规律在核心区外围建立次级核心，形成产业集聚，实现县域经济发展。正因"亚核心"结构，要素流向大城市，导致出现产业结构层次低、发展水平不高、经济不平衡等问题。

地域经济系统性结构环境,影响到地方经济发展、生活圈的形成。随着生产日趋开放,生产与消费不受地域性市场供需支配,经济活动超出了县域范围,然而作为地域生活圈或经济区,其经济社会结构优化仍需要城镇化、工业化、农业现代化同步推进。我国追赶式工业化,未等小城镇发育成熟,大城市时代突如其来,受集聚效应影响,工业向大都市圈集聚,直接冲击着地域经济生态,以小城镇为中心的局域经济和生活圈自我供求环境遭遇现代工业乃至全球化生产的冲击,致使满足和提供地方性服务、福利的传统产业难以立足。结构失衡可能导致乡村"人口空心化"以及城镇"产业空心化",问题的关键在于构建地域经济系统的中心城镇和人口腹地关系。尽管如此,县域经济不能脱离生产,县域资源有限,必须突破行政划界,适应市场经济规律,谋划县域经济发展的资源配置,推进区域一体化。伴随区域经济一体化的地域功能特区化过程,有必要进行地域功能与结构的优化,发挥中心城镇机能,拉近城与乡的距离,以确保地域经济活力,适应产业集聚、集群化发展趋向,强化区域经济的产业链条对接,但在开发利益属地化的分权格局下,行政主体间竞争大于协作。区域间竞争会引起更广域的集聚,进而导致区域发展不平衡,需要有抗衡的区域性经济体,县域融入更广域的一体化,需要突破行政划界约束,创造市县共赢的经济生态。

(二) 功能层层剥离与结构肢解的陷阱

在由传统趋向现代的经济社会结构转型中,县域经济也在加快工业化和城镇化,各级地方政府着重抓工业化,而在城乡分治的思维及制度设定下,县行政区遭遇"切块设市"而剥离核心的城镇功能区,或遭致大城市扩张性切割乃至"整县设市"。市县对比下,县域经济尤显落后。城镇化的实质是农村人口的城镇集聚,在开放型经济背景下,因生产力不平衡格局,县域剩余劳动力跨地转移、跨地区城镇化,在市管县体制下,城乡统筹应统合到广域的市范围,城镇化率指标不宜层层下推。

城乡分治实质为一种功能分区化,城镇被切块设市,城乡被分离,农业成为县域经济的主体。经济系统的部门割裂及功能分区化,体现为市与县、城与乡体制,实质为市县定位差异化,在县域范围内,又表现为城镇与乡村的分离,即功能分区化。在行政体制框架下,行政主体的事权依赖于财权的一致,地方财政主要源自于行政区的产业发展,从而导致地方利益保护体制。学界认为,行政主体的扩权能优化地域经济结构问题,有必要"扩权强县",从而化解财政困境,然而其实现逻辑有悖于现实,即县行政区局限于构筑完整的产业体系或经济社会结构。而县域经济的结构平衡,重要的是在更广域的区域范围寻求生产与消费平衡。

以行政区划分的工业化程度评价方式,其前提假设为地域独立性,暗含肯定地域分割的经济社会结构。经济一体化使得地域消费与地域产品的关联性弱化,就县域城镇化、工业化程度而论,关键在于城镇层层剥离出去,或地域特定功能趋向主体化后,有无必要再构造一个完整系统。县域经济有其特质性,其产业结构须在地域圈内合理化,不能跳出地域系统另构独立的结构体系。如在地域经济发展城市群化背景下,传统的乡镇工业企业失去了大部分原有的市场空间,陷入了"农业大县、工业小县、财政穷县"的困局,然而,地域经济供需体系突破、产业链外部依赖,并不意味着不需要地域间的平衡发展和地域社会生活圈的构筑。因此,县域经济结构依赖于国家层面结构平衡化杠杆,也体现在县域自身对区域经济的融合上,依托城镇化促进县域产业集聚。

(三) 功能区的行政区化与事权和财政权的矛盾

行政分权旨在让地方自立发展,我国行政分权通过税种归属的财权划分,影响地方政府行为,形成经营性地方政府。市县职能定位差异则是区域系统的功能特区化,二者存在一定张力。城市源自社会分工和功能分化,城市行政区主体权力的膨胀,并在一定程度上排斥一体化的利益分享。一些县行政区因经济发展而逐步摆脱县建制身份,保留县建制的则多体现为传统型经济。市县职能差异以行政的功能分区框定，这种差异定位有其历史局限，市县关系沦为城乡关系或中心地与腹地关系，而分权体制导致各自权力扩张，主体责任模糊不清，县域工业是县域经济的发展重点，然而受到中心城市抑制，市管县体制下，若没有统一财政体制，则事权与财政权的匹配将不可能有实质性推进。从重构新型城乡关系看，市管县行政体制下，行政区功能区化与竞争性经济分权，必将难以化解统合管理的矛盾，借此取消市管县体制化解市县矛盾，不足以消解市县紧张关系。区域经济一体化、地域经济城市群化是区域功能与结构优化的需要，而行政主体的权力争夺则背离实质性地域统合。因此，需要全面把握市县关系，构建区域性行政，统合市县建制，不应割断历史而寻求市县对等。

　　行政区经济有其合理性，然而多层级地方政府，存在行政区上下同构与功能特区化的矛盾，在区域经济系统演化中，行政区与经济区关系的重叠或包含关系体现为功能与结构关系，因而，在发展县域经济时，不可苛求县域经济自身系统的完整性。在区域经济系统中，财政影响到县域经济发展，因此，事权与财政一致性成为市管县体制的问题核心。县行政区主体性趋弱的同时，经济调控能力也在趋弱，而在加快发展、维护稳定和提供社会服务方面的责任和压力却越来越大，只能求助于上级政府或者是被动应对。因各自主体"定位"与"责任"差异，市县之间构成利益博弈，在经济发展上市给予县的帮助有限，尤显行政管理半径过长。行政区划旨在提高经济社会管理效率，而在既定行政区划框架下，发展经济、布局产业则成为行政主体的职责，以求增强源自于产业发展的财政实力。从系统角度看，市县职能定位差异化的行政分权体现为功能分区特质，并在县域系统内功能分区化呈现为诸如开发区、产业园区的开发利益属地化倾向。分权竞争格局下的行政主体，发展产业不免同质化竞争，出现产业同构问题，因而，区域协调发展需要行政协调。城乡结构体现为工业—农业结构，城乡收入均衡化则依赖于市场配置资源。在集聚效应乃至极化效应下，要素流动影响地方产业布局、城市功能集聚，造成行政主体经济发展的巨大约束。竞争性行政主体具有主导地域经济的职能，而这种主导性职能不利于市场化资源配置。基于公共产品的层次性的政府层级间的事权划分，依据支出职责进行财力分配。"省管县"还是"市管县"，问题实质无非是市县主体地位对等，或在省级层面获取利益再平衡，但并未改变其相互竞争格局。在行政体系架构下，基层行政区财政困难根源在于财政体制不规范，即事权与财权不对称，而在区域发展日趋差异化的今天，从财政体制上统合区域发展利益任重道远。区域经济趋向一体化，是否就是市管县体制的终结，问题取决于市县行政主体是否构成竞争关系，若维持分权的财政体系，则"省管县"亦非就能化解县域经济发展困境。

（四）县域经济发展的利益分配与再平衡

在行政分权格局下，行政主体受益于当地产业发展，平衡区域间发展依赖上层政府的地区间财政转移。在既定地域发展差距格局下，推进市场化资源配置，这种市场化平衡不意味着产业布局的平衡化，地域产业承接受区位和集聚效应影响，要素跨区流动取代产业转移，不断分化和剥离的县域经济趋向于特定主体功能区化，如农业主产区化等，因此，不同主体功能区化下的行政分权的合理性前提是地域平衡发展。

分税制改革后，形成了地方纵向分税框架，形成省对下转移支付体系，但分税制改革很大程度上保留了地方既得利益，如增值税与所得税的归属与地方政府利益密切相关，这种利益导向直接影响地方政府行为。地方政府在追逐自身经济利益的激励下支出结构向发展支出和经济投资倾斜，追求经济增长，从而忽视公共责任。学界指出，分权体制下层层向上集中的财力消耗于低效率支出和以转移支付方式返还给了地方，低效的转移支付体系难以满足地方基层政府履行事权的需要，税收返还因区际收入高低差，使得地区财力差距拉大，故而，在县域层面，依据事权与财权的一致，则使得地方公共责任和福利责任或缺。在工业化和城镇化过程中，地域发展日趋功能分区化，突出的问题是开发收益主体为属地化的行政。地域开发动力源自于多种主体利益诉求，在微观层面，满足属地居民利益，在功能区层面要考虑属地行政主体的利益，而在区域层面，往往忽视发展的普惠价值取向，只能体现为弱效应的转移支付体系，由此，失去结构合理化的逻辑支撑，也就成为行政分权下地域差距扩大化的根源，难免会产生就县域论县，将工业化模式模板化，或局限于财政来源的产业导向。因此，不宜推进功能分区化的行政竞争性分权，也不宜将主体功能区系统的地域范围简单化，必须适应区域经济一体化程度，构建区域行政统筹区域发展。

依赖于地方财税激励的地方分权，肯定了地方主体地位和地方发展责任，必然认可了地方间竞争与地方政府对地方利益保护。事权与财政权一致，其逻辑起点在于统一政府层面的财政分配，排除差别化的公共物品供给。因此，公平性制度设计，需要改变行政主体角色，推进区域发展的普惠性，消除功能特区化下的市县分权以及县行政区内部功能分割，明确行政职能划分，构建区域经济的功能分区化的利益分享机制，适应生产的集中与分散、价值平衡与居民增收、社会服务均衡化。

四　发展县域经济的效率和价值协调的出路选择

（一）功能特区化对地域系统结构依附是逻辑起点

县域经济是农村经济与城镇经济的综合体，一般认为，发展县域经济应"扩权强县"，强调主体性；依托县城发展中小城市，承接产业转移，培育县域经济增长极；发展县域特色产业，推进农业产业化；等等。县域经济发展模式主要依据其地域特殊性，构筑出地域系统的功能与结构依附关系。县域经济体系完整性只是经济发展的阶段性特征，然而存在将县域经济看成一个完整体系，或只注重发展第二、第三产业。伴随县域经济发展和分化，其工业生产乃至农业生产都不再局限于县域消费，而是更广域的社会需求。农业是县域经济的一大主体，在市场化、国际化背景下，核心问题是如何解决家庭经营与大市场的矛盾，培育现代农业经营主体，使农业劳动者实现致富。农业现代化的前提是剩余劳动力转移，当前因低技术效率下的劳动配置平衡，劳动价值趋近平衡，农业因用工成本上升而趋向粗放经营，在此节点上，有必要推进农业现代化，提高生产效率，通过以企业为主体的产业化经营，使组织化生产效益大于个体经营效益，进而析出剩余劳动力。工业化和城镇化是社会转型发展的两个方面，二者同步协调是社会结构优化的关键，若二者不能协调的结构问题体现为社会价值扭曲，或经济结构上的积累与消费的不对称等，结构不平衡则成为收入不平衡的根源所在。因此，需要摆脱工农二分的结构下，农村因剩余劳动力积压，引起劳动价值的扭曲，使得农业在分散经营条件下，提高生产效率的成本较高。由于农业部门对劳动力的容纳弹性大，农业劳动力剩余与否，不在于土地可容纳劳动投入，而应基于价值视角的产业劳动力资源配置平衡的需要，实现劳动配置再平衡，进而农村与城市之间的劳动价格趋近平衡，成为劳动与资本对社会财富分配博弈的前提条件。

  如前所述，城与乡、县与市的结构关系趋向功能分区的行政区化，特定功能区发挥的功能作用，在经济社会运行中不可孤立存在，因而，不可抛开功能区或将功能区孤立化（参见第七章对主体功能区的论述）。区际之间因竞争实力的优劣而导致更广域的集中和一体化，若缺乏抗衡的经济主体便产生极化问题。地域经济城市群化也就是地域中心性与腹地关系构成整体效应需要，构筑区域性城市群关系到区域结构协调发展。当前我国经济社会结构问题的核心在于区域经济的一体化与地域生活圈构筑，构建跨行政区的都市圈协调机制，发挥市场配置资源作用，激发县域要素活力。在地区层面，"四化同步"是县行政区结构调整的核心主题，实现经济结构调整与社会结构变迁相协调，既要适应集聚经济，也需要分散布局，提高地域居民消费或福利水平，进而促进地域资源要素的价值实现与生产上的效率实现。发展县域经济应基于民生视角,实现收入平衡化,适应一体化的产业结构调整,不在于复制某种产业模式,弱化与强化相关部门。

(二) 价值实现与效率实现平衡化是发展的标尺

社会运行的基础是生产,在于创造社会财富,体现在劳动投入和效率上。扩大社会生产的关键在于如何发挥既有劳动资源优势,投入到生产中。改革开放初期,发展外向型经济是让廉价生产要素进入世界生产体系,在这种新的经济生态中,生产与消费相分离,生产不为本地消费,而是更广域的世界需求。经济增长依赖廉价劳动参与世界分工,体现为外需的投资拉动。廉价劳动意味着对消费的抑制,构成消费与积累或财富集聚的不对称。从系统结构视角看,劳动投入和产品外需输出,系统处于耗散的结构状态,不能达到地域生产与消费的结构平衡,因而效率与收入关联性较弱。技术效率可降低劳动强度,在产业部门结构方面,当工业生产效率不断改善,而农业生产效率未能得到同步改善,则意味着农业劳动强度的上升,由此引起农业劳动价值累积性扭曲,使得效率成本高于劳动成本。在国内—国外和工业—农业的两重结构中,构成两重劳动价值的扭曲。因而整体劳动价值平衡回归最终依赖于农村劳动收入改善。农业是县域经济的主体之一,当粮食需求问题解决后,在宏观层面,继续加大投入并不构成投入—收入的增函数关系,因而,结构问题是县域经济的根本制约,须着重解决农村剩余劳动力的转移。劳动力转移达到结构性平衡时,农业劳动收入与专职工业的劳动收入平衡,该结构性平衡意味着在同等劳动强度下的劳动价格平衡,在分散经营条件下,体现为农业劳动价格上涨或粮食价格上涨,而非技术或经营效率改善获得收入增加。因而,劳动配置的平衡化结果是劳动价格趋向平衡,使得农业劳动投入减少,即经营粗放化,最终,通过供需结构实现价格上涨。

农业现代化并非仅仅是农业生产的技术变革,实质是一场社会结构的变迁,是工业化的后期发展,必须满足种粮有利可图、有技术支撑、摆脱要素流动约束三个条件。工业拓展开了人类需求空间,进而促进农村劳动力就业转移,在工业化进程中的劳动力配置平衡引起劳动价值回归,导致劳动价格上涨,从而农业生产趋向粗放经营与粮价上涨。农业粗放经营似乎是由城镇化引起的农村劳动力素质下降,实质是劳动资源"稀缺化",源自于两部类生产的效率低下。粮食价格上涨有益于农民增收,有助于社会结构优化,但不依赖生产效率提高的涨价无益于社会整体福利提高,并引起整个物价波动上涨。

生产与消费是经济生态的基础,生产与消费的地域分离,生产系统处于耗散结构状态,易造成劳动价值二重扭曲,导致社会财富分配不平衡,也造成技术成本大于劳动成本,无益于技术效率提高,使得勤劳不能致富。解决贫困问题需要发展工业,必须将贫困人口网罗于工业生产体系中,提供就业机会,创造财富并享受福利。解决县域经济发展结构问题的核心是劳动的价值实现与生产的效率实现,在于摆脱受控条件下的固化结构,赋予系统结构平衡力,强化生产与地域经济圈的关联性。显然,价值实现与效率实现的基础是经济转型与社会结构变迁的一致性,即"四化"同步。

(三) 构筑地域基本生活圈是路径取向

县域经济发展有其特定的路径依赖,从结构视角看,关键在于如何建构和优化系统与结构的关系。当前,县域经济结构转型面临诸如农业经营分散,难以推进农业产业化或现代化;普遍性产能过剩与劳动成本上升导致产业承接难,对农村劳动力吸纳有限等多种困境。产能过剩主要源自于生产与消费的脱节,也表现为消费与积累或劳动与资本的财富分配失调,成为区域结构恶化的根源。在国家层面上,当今,发达国家面对资本与民生的复杂关系,政策上采取技术保护或贸易保护主义,推进再工业化,在我们国家,工业的地位固然重要,但并不能只顾追求资本积累和产能扩张,需要顾及结构合理化,关注民生福利需求。县域"三农"问题是结构问题,实质是农民需求问题,而解决需求就是解决贫困问题,在于通过有效途径参与经济活动。工业、农业满足不同层面的需求,因需要刚性差异,需要保持劳动资源分配上的平衡。工业化是社会结构变迁的过程，作为社会化的生产，需要优化资源配置和对接产业链，而支撑县域经济发展的产业体系，最大的问题是产业链短、缺。工业布局、产业体系选择直接关系到区域发展、区域协作、城镇体系、城乡统筹，因此，经济社会转型发展关键在于构筑经济生态，实现地域经济自我循环，以改善民生需求、促进内需拉动，适应产业集聚发展，发挥城镇载体功能，以辐射带动地域发展，强化市县合作、城乡互动协调。

当前，"四化同步"为我国结构转型的原则和方向，在县域层面如何推进是问题的关键。区域经济趋向一体化，县域经济活动超出行政边界，不再为孤立的生产—消费循环。如前所述，县域经济结构合理化，在于解决经济结构转型和社会结构变迁的同步协调问题，构筑地域基本生活圈，实现人与地和谐、城乡一体化发展，促进圈域内物质循环。若就县域自身城乡一体化而言，三次产业结构调整则成为主题，而在竞争性行政主体格局下，对于落后的县域经济发展来说，则压力巨大，若突破县域范围的局限，进入更广域的一体化，则结构问题的核心不在于"扩权强县"，而在于虚化行政区、构建合理利益分享机制。发挥城市集聚经济效应，增强地域中心性，向农村辐射城市功能，吸纳圈内的剩余劳动。城市极度膨胀会造成集聚成本、环境压力上升，物质不能有效循环，乡村过疏化会增加治理难度，使得居民生活成本过高，生活配套设施无法得到更新，带来生产和生活上的安全问题，进而加速走向空心化。国际上普遍做法是，选择分散型国土，有选择地集中，构筑地域生活圈，有助于圈内物质循环。社会结构转型依赖城乡统筹一体化，需要通过规划协调，市县共同管理，营造福利共创体系。

第六章

功能分区的困扰：开发区归属与归宿的成长困惑

我国开发区的兴起以1980年中央决定建立四个经济特区为标志。其后，经济技术开发区在全国各地相继建立，再后来，其他各种类型的开发区如高新技术产业开发区、保税区、边境经济合作区、旅游度假区等也于80年代中后期在全国范围内兴起。开发区已发展成为我国经济社会发展的一个重要领域，各地开发区大都成为当地经济发展的新增长点，成为对外开放的重要基地和窗口，并成为探索社会主义市场经济体制的试验区和先导区。

由于很多地方不顾实际条件，盲目设立和扩建名目繁多的各类开发区，开发区"过热"，造成大量圈占耕地和违法出让、转让国有土地的现象，严重损害了农民利益和国家利益，引起中央的高度关注。开发区建设"巢"多"凤"少，各地在优惠政策上相互攀比，盲目招商引资，形成恶性竞争和低水平重复建设，造成了国家利益流失。为了引导各地及时走出"开发区热"的误区，进一步规范各类开发区的发展，国务院自1992年发出通知，要求各省、市、区严格审批和认真清理整顿各类开发区。历时1年的清理整顿，各地撤销了一批无能力开发和违规设立的开发区，退还了大量耕地。从湖南省的清理情况看，此前为212个，经省人民政府重新认定后保留各类开发区60个。21世纪后，开发区扩张有所抬头，2003年7月，国务院办公厅紧急通知暂停审批各类开发区。随后，发布《关于清理整顿各类开发区加强建设用地管理的通知》，建设部发布《关于进一步加强与规范各类开发区规划建设管理的通知》，国土资源部印发《关于进一步治理整顿土地市场秩序中自查自纠若干问题的处理意见》和《关于做好进一步治理整顿土地市场秩序检查验收工作的函》，要求依法加强对土地的统一管理，不得下放土地审批权给各类开发区，不得另设或委托其他机构行使供地等土地管理权；在土地管理上，不得将国土资源执法部门排除在统一管理之外；严格执行土地利用总体规划和城市规划。由于国际、国内环境的影响，科技部下发《关于发挥国家高新技术产业开发区作用促进经济平稳较快发展的若干意见》（2009年），开发区在土地利用、金融服务、出口等很多方面获得更为优厚的政策待遇。2010年，国务院下发了《关于进一步做好利用外资工作的若干意见》，明确提出"支持符合条件的省级开发区升级，支持具备条件的国家级、省级开发区扩区和调整区位，制定加快边境经济合作区建设的支持政策措施"。各地开发区，特别是省级开发区的发展面临许多新情况、新变化，开发区正努力推进实现"第二次创业"。为促进县域经济发展，适应"人口向城镇集中，产业向园区集中"的要求，注重后发地区的县区申报省级工业集中区。

表6-1　　　　中国2006年各省直辖市开发区分布情况　　　　单位：家

	省级开发区	国家级开发区	合计	在省会拥有开发区	省会开发区集中度%	地级市	县市区	市县区分摊比%
北京	16	3	19	/	/	/	16	119
天津	25	4	29	/	/	/	16	181
河北	45	5	50	5	10	11	168	30
山西	22	2	24	5	21	11	119	20
内蒙古	39	5	44	9	20	12	103	43
辽宁	42	11	53	14	26	14	100	53
吉林	35	5	40	12	30	9	60	67
黑龙江	29	5	34	10	29	13	128	27

续表

	省级开发区	国家级开发区	合计	在省会拥有开发区	省会开发区集中度%	地级市	县市区	市县区分摊比%
上海	26	12	38	/	/	/	16	238
江苏	109	22	131	12	9	13	96	136
浙江	103	10	113	11	10	11	89	127
安徽	85	4	89	9	10	16	105	85
福建	65	11	76	13	17	9	85	89
江西	88	3	91	8	9	11	100	91
山东	155	14	169	9	5	17	137	123
河南	23	4	27	4	15	17	158	17
湖北	89	4	93	16	17	13	103	90
湖南	73	4	77	9	12	14	122	63
广东	69	21	90	10	11	21	121	74
广西	23	5	28	7	25	14	111	25
海南	5	2	7	3	43	4	23	30
重庆	34	3	37	/	/	/	38	97
四川	38	5	43	13	30	21	183	23
贵州	13	2	15	4	27	9	88	17
云南	15	6	21	4	19	16	129	16
陕西	17	5	22	12	55	10	107	21
甘肃	34	2	36	6	17	14	86	42
青海	3	1	4	3	75	8	43	9
宁夏	15	1	16	5	31	5	22	73
新疆	11	7	18	5	28	14	105	17
西藏	/	1	1	1	100	7	74	1
	1346	189	1535	219	14	334	2851	54

数据来源：《中国开发区审核公告目录》（2006年版）和国家行政区划网。

注：国家级开发区包含高新区、保税区、出口加工区、边境合作区，未包含旅游度假区等。

2003—2006年对全国开发区进行了清理整顿。清理整顿后，经国务院同意，国家发展改革委、国土资源部、原建设部发布了2006

年版《中国开发区审核公告目录》，符合条件的有1568家开发区。十多年来，我国开发区发展出现了一些新情况。部分开发区较少的地方根据产业发展需要新建了一批开发区。部分开发区进行了扩、调区、升级或转型，以及开发区之间进行了整合，2018年版《中国开发区审核公告目录》包括2543家开发区，其中国家级开发区552家和省级开发区1991家。与2006年版《中国开发区审核公告目录》的222家国家级开发区和1346家省级开发区相比，增加了975家开发区，总体反映当前开发区实际状况，满足地方发展需要。开发区布局考虑到区域协调发展，东部地区有964家开发区，增加216家；中部地区有625家开发区，增加224家；西部地区有714家开发区，增加425家；东北地区有240家开发区，增加110家。[1]

开发区作为中国实施对外开放战略的重要载体、促进区域发展一体化的排头兵、实施创新驱动发展的示范区，其发展转型的成效决定着我国对外开放的水平、质量与效果。开发区体制在特定时期成为地方政府治理模式的重要组成部分。中国开发区发展转型源自于经济全球化的深入发展与本土改革开放跟进的交互作用，呈现时空交互演进的规律性特征，表现为租金激励所产生的不同层次空间极化效应，包括"窗口效应""羊群效应"和"本地化效应"。开发区的发展逐步走出了一条由功能单一的工业园区，逐步演变为多功能的综合性"城市新区"的城镇化道路。开发区城镇化发展导致的空间变化、社会转型，使开发区管理体制先天缺陷日益突出，并面临法治缺失、原有体制优势弱化、经济开发职能与社会管理职能之间缺乏平衡等诸多问题。从开发区层面的目标与责任看，一方面要在新型城镇化的背景下落实以人为本的城镇化模式，另一方面也亟须在产业层面上推动开发区内的产业链条由"制造"到"创造"的转变，实现国家级经济技术开发区的产业发展与城市服务功能有机对接结合。改革沿着主体性

---

[1] 《中国开发区审核公告目录》（2018年版）说明，参见中华人民共和国中央人民政府网站：http://www.gov.cn/xinwen/2018-03/03/content_5270330.htm。

与载体性交互不断强化的方向发展，矛盾不断演进，并陷入新的发展困境。

地域社会转型依附于经济转型，具有阶段性特征和特定时代内容。开发区是特定经济结构背景下作为体制改革试验的特定政策的空间载体，演化成为地域经济开发的增长极。开发区具有载体性、功能性与主体性特征，与地域发展有着多重结构关系，正因此，开发区发展也呈现多重发展困局。基于此，有必要从主体与载体视角分析开发区的性质界定的困惑；从利益归属的视角探讨开发区的等级权限合法性争议；从功能与结构视角分析开发区的"产城融合"路径困惑；从功能与主体职能视角分析开发区行政区化的合理性困惑。

一 开发区的改革试验性与性质的困惑：体制与载体

我国开发区是为适应产业发展和社会转型需要而产生的，是渐进式开放的政策或体制改革主要空间载体，成为地域经济的重要产业功能区，经历时间的淘洗，开发区性质便约定俗成。在技术变迁的过程中产业有其成长规律，产业园区需要适应产业变迁而做必要的调整。由于开发区和产业园区之间存在主体与载体的微妙关系，开发区在其成长历程中，有着特定的时代使命与制度惯性，制约着开发区与产业园区的主体责任、定位选择、利益分割的再调整。同时开发区地域选择关系到城市结构与地域经济社会结构关系。

（一）国家开发序列、开发模式与地域发展的机遇空间

1. 开发序列与政策选择决定机遇空间

地域开发形态具有时代特性，早期在均衡化产业布局的思路下，一批重化工业项目的落地，成就一批重要工业基地或工业城市，重塑了我国工业经济版图，在工业规模经济和集聚经济效应下，跨越式工业化直接推进行政中心进入大城市经济时代，在统筹兼顾政策下，地方性需求的生产得到一定重视，形成先大城市后小城镇的地域发展序列。改革开放后，由于特定社会或体制转型需要，通过划定开发区，突破体制藩篱和原有城市框架，国家提供特殊的优惠政策，实现了一种低成本工业化和高成本城镇化。开发区实施特殊便利的经济政策和管理手段，获得外部经济要素和产业集聚，达到发展贸易、增加财政收入、创造就业机会，引进技术和管理经验，实现经济发展与繁荣。地域开发时代，开发区为稀缺的投资环境，寻求的是非平衡发展策略，开发区划定成为地方经济发展的重大机遇，由此，不免引起开发区热。为此，国家曾两次重拳出击，特别是2003年连续3年的整治，撤销一大批开发区，直到2010年才放宽开发区的扩容或升级。开发区设定的首要条件是适宜产业发展的区位或重要交通节点，区位无疑是历史形成的，显然也是遵循先大城市后小城市的开发序列，首先是省会城市，再到地市或省会城市所辖区县。在非均衡发展的产业政策下，开发区经济是一个时代性机遇。大多数县域开发区起步较迟，即在全面开发、开放时代，开发区主要意义在于它是地域产业集聚发展的载体。

2. 技术与产业规律左右地域发展选择空间

大多数县域开发区起步较迟，亦即进入了全面开发、开放时代，开发区从更大意义上讲，是地域产业集聚发展的主要载体。县域经济受资源要素的区位局限，在新的发展形势下，主体功能定位则更加约束其开发形态。在非均衡发展的产业政策下，开发区经济是一个时代性机遇。开发区政策伴随改革开放进程不断调整，对外开放是技术发展不平衡格局下的全球化生产的参与，是中心—外围的世界格局的塑造过程，发达国家去工业化的基本设想是基于技术创新中心的永续性与梯度辐射的延续性假设。技术偶然性时有发生，当全球技术创新速度或格局发生变更，便是全球性经济的波动或生产格局的重塑，由此引发各地战略调整，一旦技术创新放缓便是梯度转移受困或产能过剩。当前全球经济下行，开启了我国外向型经济的转折点，开发区发展遇到新挑战，永续性膨胀将难以为继，国内梯度发展也面临同样问题。开发区需要调整单一的生产功能，依据功能区的产业特点和经济组织的演化需求调整发展策略。在地域发展极化效应下，强化产业分工体系，不同层级产业协同发展，形成城市群等级化和网络化的空间形态①。长期以来形成一种思维，即把县域经济等同于区域经济或农村经济，对县域经济的发展规律缺乏全面认识，因而对产业功能的政策支持受到局限。在开发序列上，把建制市作为发展现代经济的重点选择地，建制县侧重发展传统的农村、农业经济的职能定位，"市管县"体制下发展重点在行政中心的地级市，由此，导致要求"省直管县"的体制改革，割断市县纽带关系。

（二）开发区体制机制试验性与体制内外环境的不适

1. 发展成效巨大而体制成功标准模糊

开发区设立之初，其定位均为开放制度的"试验田"和区域经济增长的"发动机"。从产业发展视角看，开发区已取得瞩目的成绩，并得到全面推广，但这并不意味着该体制取得了决定性成功，从现状看，开发区行政体制改革仍困惑重重。开发区体制设置的初衷在于促进当地产业发展，目标较为单一，因开发等级依赖于行政等级，使得主体地位变得复杂。开发区建设大多以近郊型或者远郊型为主，突破中心城区的发展约束。开发区尝试着三种类型管理体制，即企业为主体的开发体制、准政府的管委会体制和开发区与行政区管理合一的管理体制。企业型开发体制通过设立一个开发公司来规划、开发、管理一个开发区，承担一定的政府职能，进行公共事业开发，这类主体仅在个别城市改造型园区采用；管委会体制是作为政府的派出机构，通过政府的高层次授权，行使经济开发、规划管理和提供服务等职能，适用于相对独立的中小型新开发区；开发区与行政区管理合一的管理体制主要适用于整个城区作为开发区，或者开发区是原有城区建制的

---

① 吴福象、沈浩平：《新型城镇化、创新要素空间集聚与城市群产业发展》，《中南财经政法大学学报》2013年第4期。

一部分。进入全面开发时代,开发区政策赖以存在的环境也在变化,政策趋向普惠化,由此学界有人认为,开发区政策体系正在解体,开发区生命周期的终结,城市新区为开发区可能发展方向[1]。当开发区伴随人口规模、产业形态的演进,出现城市新区或新兴城市特征时,原有的城市管理供给模式必将受到来自经济、社会方面的矛盾冲击。开发区体制优势在于以优化整合的机构和稀缺精干的编制、职数等行政资源配置,推动区域经济快速增长,但随着开发区规模扩大和事务增加,开发机构和人员数量也趋升,管理体制优势逐渐褪色,进而向行政区管理体制靠拢。市场经济不断发展,开发区政策的"普惠化"、内外资企业所得税统一化、原有的体制优势和政策优惠弱化,开发区行政化被认为是开发区与行政区体制融合的逻辑归宿,是开发区"历史的终结"[2]。显然,开发区体制优越性只是体现为对背景体制环境的突破,凸显其作为过渡性政策对地域发展的重要性。

2. 主体化的自我扩张导致转型脱节化

我国开发区是在经济全球化特定技术节点政策选择的结果,在经济发展上取得重大成效,便得到广泛认可与复制。开发区自身发展有个趋向成熟的过程,逐步向综合新城区转变,须及时作适应性调整,应对多元性管理对象,寻求着空间一体化与功能融合,强调经济与社会效益并重,管理手段的自下而上。开发区管理模式是体制外的试验田,是特定经济转型的产物,经济发展取得重大成效,开发区体制得到广泛认可与复制,开发区虽为过渡性的政策选择,然而,开发区作为地域经济的产业承接载体,寄托着地方行政主体的厚望,在面向新的体制转轨时,难以摆脱对过渡性体制的割舍,成为没有时间节点的试验。经济发达地区的开发区大都完成了当初设立时的规划区域的开发建设任务,但地方为了延续优惠政策,保持经济快速增长势头,对

---

[1] 陈红霞、李国平:《开发区城市管理的问题及解决途径》,《城市问题》2009年第12期。

[2] 张志胜:《行政化:开发区与行政区体制融合的逻辑归宿》,《现代城市研究》2011年第5期。

开发区进行扩容，增加区划面积，缓解用地紧缺的矛盾[①]。在普惠化政策下，开发区载体作用犹在，体制与引导政策得到延续。开发区是产业政策的载体，构成区内区外不对等的体制环境，特别是具有等级的开发区则成为地方的"金字招牌"。开发区管委会通过行政管理的垂直授权与部门之间的横向协调，形成区内区外两种不对称的管理体制，地方政府有扩大政策性收益的动机与税收偏好，从而，促使权力向市场领域延伸，出现"一城多区""一区多园""大区套小区""区内注册、区外经营"等发展乱象，造成要素市场价格的扭曲[②]。开发区体制忽略了政府行为的合理性和合法性，使得不同开发区之间、开发区与行政区之间、开发区与城市之间的博弈变得更为错综复杂，使城市管治形态多样化、过程复杂化、权力分散化、空间分割细碎化[③]。开发区完成了工业开发后并未蜕变为一般性工业区，回归于传统管理体制，而是与所在或邻近的行政区合二为一，形成以行政区为主体的新型开发区。

（三）开发区存在、园区存在的主体与载体逻辑分异

1. 载体与主体概念混同

由于受开发区设定时的功能定位局限，通常开发区和产业园区作为同一概念使用，确实有些开发区实质上就是产业园区，由此，造成逻辑分异的主体与载体概念混同，载体功能区主体化，进而产生结构性困境。开发区的存在是政府主导地区发展的手段和体制。开发区是对开发范围的限定，即在该区域可享有特定政策优先权，将区内有待转型的传统社会结构的乡镇或村庄，延续较低的公共社会服务供给，实现着"小政府、大社会"的管理目标，由此凸显出开发区管理体

[①] 周家新、郭卫民等：《我国开发区管理体制改革探讨》，《中国行政管理》2010年第5期。

[②] 胡彬：《开发区管理体制的过渡性与变革问题研究——以管委会模式为例》，《外国经济与管理》2014年第4期。

[③] 王慧：《开发区运作机制对城市管治体系的影响效应》，《城市规划》2006年第6期。

制逻辑的合理性。在开发区向新城区的蜕变中，其管理体制的优势不断弱化，内部激励机制效用逐步衰退，但仍寄予着行政主体对地域经济发展的厚望，特别是对于传统经济占主体地位的市县来说，开发区作为现代产业发展的载体不可或缺，成为城镇化社会转型的重要依托。功能区被赋予特殊权力，意味着主体化，开发区则成为政府主导地区发展的特殊行政主体。

2. 载体功能与主体职能错乱

经济全球化和地方发展极化，地域生产体系趋向开放，维持地域消费而生产的经济生态不复存在，适应竞争发展的需要，作为产业体系链条的一环而存在。产业园区是生产布局的空间，其存在逻辑是，适应产业集聚效应、集中管理、构建循环经济的需要，在抱团发展中保存实力。开发区有效促进现代产业集聚与转型升级，成为推动地域经济增长的重要载体。开发区存在的必要性是体制环境需要的逻辑所在，开发区政策普惠化导致开发区之间的政策效应弱化，但并不影响园区作为发展产业的载体地位。开发区成为新城区，是开发区城镇化与工业化的协调发展。开发区主体化是行政体制与区划体制的结构关系的调整，然而开发区主体化后的主体层级与行政区发生着新的结构矛盾，构成增长极政策目标与均衡发展政策目标的错位。产业园区作为优势产业的汇聚之地和招商引资的重要平台，有利于促进产业结构的合理化和高级化，特别是对县域经济发展能够起到集聚辐射效应，成为推动县域经济增长的重要力量和主要载体。主体化使得开发区有时成为特殊价值的壳，把散布于园外的企业划归开发区的范畴，看不到产业园区应有的形态。

二 开发区主体等级权限的合法性困惑：利益与归属

开发区建设主要还是考虑到地域经济的发展，从行政主体视角看，国家更多考虑的是区域发展平衡与经济效率，地区级行政主体则更多考虑行政中心的产业发展与发展利益的分享，区县级地方政府更多考虑的是地方发展与行政绩效（GDP），开发区则考虑促进开发区运转的利益属地化与选择性扩权。由于行政主体价值出发点不同，便产生开发区级别，构成了开发区建设中的布局选择、升级体制、发展机遇与利益归属等矛盾。

（一）开发收益与激励政策的偏离

1. 地方财政寄托沦为个人政绩取向

地方财政收入直接影响到市县域经济的健康、可持续发展。在特定开发政策背景下，开发区成为产业承接载体，是地方经济社会结构转型的重要支撑。地方分权体制演绎出经营性地方政府，分税制改革后，地方政府可通过土地财政增加预算外收入，因而空间则成为政府垄断资源，在开发规划约束下，爆发出巨大增值潜力，产生合法性收益。地方税收来自地方产业发展，开发区则成为地方财政解困的重要依托。开发区招商引资成为政绩考核和激励政策的重要依据。在地域开发过程中，优惠政策主要体现在土地政策上，因而工业开发利益主要流向企业，企业增值税25%归市县政府，而因地方政府的税收返还政策，将大部分返还给了企业，企业不仅可获得土地增值收益，还获得大量的税收返还。地方政府更多出于GDP增长的政绩考虑，在招商引资任务面前，各地为抢到企业入驻工业园区而互相压低地价，把巨额土地利益让给了私营企业[①]。大多数开发区在建立初期均依靠优惠的财税政策，过度依赖政策优惠，难免造成开发区之间的恶性竞争，在此大背景下，一些优势相对薄弱或基础建设不足的开发区更是如此。

2. 不同主体利益取向制约开发成效

开发区是行政区政府的派出机构，开发区收益主体是行政区，因

---

① 聂洪辉：《工业开发区征地的利益流向及其影响——对S市七个工业园区的调查》，《中共南京市委党校学报》2011年第2期。

其隶属行政层级不同而有级别差异，因隶属关系的利益分割需要，产生开发区划界的需要，从行政区中切割出来。国家级开发区由地市级政府委托管理，省级开发区由市县政府委托管理。但这种体制并不确保事权与财政关系的一致，开发区往往只是一个功能性政府，即只管经济建设而不管社会事务。园区企业的现代化、规模化意味着产业的开放性、配套性。在政绩考核压力下，一些地方盲目圈地建园，招商引资缺乏明确的产业导向，园区企业非有机聚集，呈现产业园区空间布局分散、发展层次较低、特色不明显、产业关联性弱、土地集约利用程度不高。园区企业的现代化、规模化意味着产业的开放性、配套性。园区匆忙走过一次开发，便进入"二次开发"，在土地二次开发过程中，存量土地因用途的转变或性质的转变，便可释放出巨大的利益空间，成为各利益主体追逐的目标。优惠政策是土地最大的利益所在，各相关主体可利用宽松的政策实现土地增值。在二次开发中，园区管委会与企业围绕土地使用权的竞争，或相互达成合作共识，或产生利益纠纷。开发区管委会机构直接管理园区发展，并对上级政府负责，但园区是落地于某一行政地域内，参与管理园区的某些方面，也会从自身利益出发，导致地方保护主义。园区开发总公司是园区二次开发的管理实施者，也会参与利益博弈。

（二）开发区的等级与行政体制的尴尬

1. 传统体制背景下功能性政府创新的困境

行政区划体制是国家调整地域开发空间以及推进城镇化进程的重要手段，也是剖解行政分割制约的重要手段。开发区显然是通过行政手段的土地征用或以建制划拨方式植入新的空间界线的空间形态，或位于某个行政区内，或跨越多个行政区，或与行政区并列存在。开发区因特殊的权利运作模式，表现为选择性的权利结构组合，开发区行政级别越高，则获得政策扶持力度越大，由此，开发扩容升级欲望越强，地方也就更愿意接受这种体制而带来收益。然而，在传统行政体制背景下，开发区管理机构的法律地位无法明确，使得开发区管委会行政执法处境尴尬。如国家级开发区管委会作为市级政府的派出机构，行使同级政府的经济管理职能，通过市政府的高度授权，拥有市一级经济管理审批权限，诸如规划、国土、建设、招商等，而社会事务管理则归属于原行政区，由此，高效推动了开发区内的招商和经济发展。但最终因行政管理体制的变革跟不上区域扩张速度，开发区扩容体量过大，行政审批授权不能满足该区域的综合性需求，使得扁平化的行政管理体制优势受到削弱，区域之间难以形成利益协调机制。

2. 授权运作模式下的主体职责迷惑

地方政府依托开发区管委会行使主体职能，由此，开发区管委会履行着一级地方政府的部分职能。推进开发区扩张，进而向综合性城市功能区转变，开发区不仅要担负区域经济开发的重任，还要肩负起以工业化带动城市化的使命，诸如安置征地农民、推进社区建设与管理，以及发展区域社会事业，等等。然而，开发区管委会并不是一级地方政府，也不是地方政府的派出机关或政府职能部门的派出机构，抑或是行政机关委托的组织，但它切实履行着上述机构的职能。因管理权限范围的模糊，使得一些地方政府往往根据形势的变化随意调整管委会的权限和职能，缺乏刚性约束机制。此外，还存在职能权限授权不足，管委会领导、决策机制缺失，职责权限不清楚[1]。由此，开发区适应功能多元化需要而增加职能，这便给追求机构精简、高效提供公共服务的行政管理体制理念造成巨大挑战[2]。从现行的行政管理体制实践来看，有浦东新区的"小政府、大社会、大服务"、深圳特区的"行政三分"以及滨海新区的集中行政权等。问题在于提高管理效率，解决政策资源的内敛性导致行政管理的封闭性，调整行政管理层次和幅度[3]。管委会"准政府"模式的尴尬处境，其原因在于外

---

[1] 苏晓哲：《完善我国开发区管委会管理职能的措施探析》，《管理学刊》2009年第6期。

[2] 罗兆慈：《国家级开发区管理体制的发展沿革与创新路径》，《科技进步与对策》2008年第1期。

[3] 蔡玉胜、陈茜：《开发区的城市化与城市管理：起源、演化与路径》，《改革与战略》2013年第8期。

围体制改革的滞后，使得经济空间与行政空间分割，造成管事与管人的冲突，开发建设与社区服务脱节。

（三）开发区管理机构受选择性权限局限

1. 开发区机构多主体选择性授权的局限

开发区管理体制作为特定背景下的制度安排，以特殊政策作为行政授权的主体内容，属于一种过渡性的选择。开发区在多主体参与下运转，政策性行政授权方式使得开发区行政主体性的模糊性，缺少自治根基[1]。开发总公司则基本上没有决策自主权，使得整体管理效率低下，开发区管委会权力过度集中，既负责宏观决策又负责具体的微观管理，则导致政企不分[2]。开发区管委会作为责任主体，经常抱怨行政授权不充分、优惠不多，却又难以避免超越授权边界的违规行为，要求扩大自主地位的权限，却又回避社会管理权限和职责。行政管理权力归属问题不是问题的实质，问题在于对利益归属份额分配，开发区作为特殊主体可借助"金字招牌"寻求飞地发展和获得利益空间。

2. 利益归属划分决定行政职能的目标取向

行政主体仍沿袭着主导特定地域的功能选择，开发区管委会作为特殊的权利结构，其背后是特殊的利益结构支撑，如长沙经开区经历由以县为主的市县共管，到由市为主的市县共管，再到由长沙市委托长沙县管理为主，其重要的支撑是行政地位和利益归属，经开区管委会仍为市政府的派出机构，行政级别不变，享有省辖市相应的经济审批管理权限，县区领导交叉任职，在坚持规划、收益分配"三不变"的原则下，维持经开区与长沙县税收"六四分成"。经开区抓经济建设，长沙县负责统筹区县范围内的社会事务，为园区提供各种要素资源和配套服务等。开发区自身作为收益主体，则

---

[1] 余宗良：《困境与出路：开发区管委会法律性质之辩》，《中南大学学报》2013年第1期。

[2] 雷霞：《关于我国开发区管理体制的类型及其改革的思考》，《齐鲁学刊》2007年第6期。

导致开发区行政化取向，产生开发区与行政区之间的利益博弈。为解决经开区发展空间问题，提出"以区带园、行政托管、资源共享、互利共赢"的发展思路，先后（2013年）与汨罗市、张家界市合作共建飞地工业园。在市场经济背景下，区域经济日趋一体化，开发区则作为特定功能区，必须从区域结构视角进行地域结构优化，使经济结构转型与社会结构转型相协调、事权与财政相匹配，克服地域发展碎片化。

三 开发区"产城融合"路径的困惑：功能与结构

"产城融合"是我国产业转型升级和新型城镇化发展的新趋势。国家新型城镇化规划提出，"统筹生产区、办公区、生活区、商业区等功能区规划建设，推进功能混合和产城融合，在集聚产业的同时集聚人口，防止新城新区空心化"。职住分离也是适应产业自身阶段的需要，产业集聚与配套设施要求是现代产业发展的逻辑所在，"产城融合"则是城市多功能协调发展与布局合理化，由此，产业层次参差不齐、园区主体多元与功能定位有别则成为"产城融合"的困惑所在。

（一）开发区功能融合维度把握的局限

1. 功能区定位合理性的时代性

开发区初衷在于发展产业，搞活经济，通过特定地域划定实行特殊的产业政策。开发区最初"成功"在于产业基础设施的完善、较多的优惠政策及较少的政府干预。改革开放以来，开发区建设成为各地发展经济的重要手段和重要空间载体，开发区扩容提速了中国工业化和城市化进程。开发区建设摆脱原有城市空间的局限，但侧重产业开发，生活配套和其他城市综合功能发展滞后，形成产业空间和生活空间分离局面。产业发展具有阶段性特征，产业可能存在环境污染等风险，不适宜就近布局住宅和高端生活服务设施，因而职居分离有其合理性，从产业自身发展规律来看，产业园区化是集聚效应的要求，发展循环经济的基础，但随着产业的高端化，企业和员工对开发区提出更高的要求和标准，若生活设施简单和城市功能不足，难以吸引人才集聚，影响产业区可持续发展。开发区是否另搞城市设施建设，这关系到开发区的功能定位与行政区的结构关系。

2. 功能融合的空间维度预见不足

"产城融合"问题由职住空间问题延伸到其他配套功能的布局，伴随开发区扩容而愈加突出，成为规划学科讨论的核心问题，体现规划的短期性，对长期的预见性不足。"产城融合"不是简单的产业与生活空间的距离问题，职住空间可以通过发展现代交通缩短时间距离，重要的是解决产业发展环境、生态环境与居住环境，在于产业绿色化发展。"产城融合"成为当今规划的核心价值，难免会引出"产城融合"的偏激利益链条，如大小园区通过改变土地用途，实行"退二进三"或房地产开发，获得土地增值。产业园区属于产业地产范畴，入园企业可借助园区创新的制度安排，共享基础设施和各类服务，凭借产业集聚效益，降低物流成本乃至交易成本。产业园区可能因为企业产品生命周期，规划不足、支持性机构不足，乃至全球化的产业转移，导致产业园区空心化风险，需要对废弃旧工业区改造。而在欠发达地区，投以巨资建设新园区的现象方兴未艾，过度的优惠政策造成了土地开发效率低下和资源的极大浪费；也使得一些没有根植性企业为追随优惠政策而在相邻园区间迁移[①]。园区因过度扩容，产业配套不全、价值链低端等，或将成为未来城市更新的沉重负担。

3. 功能融合维度把握不够

"产城融合"的提出与我国开发区的发展及其承担的历史使命密切相关。"产城融合"的内涵包括人本导向、功能融合、结构匹配[②]。

---

① 王缉慈：《中国产业园区现象的观察与思考》，《规划师》2011年第9期。
② 李文彬、陈浩：《产城融合内涵解析与规划建议》，《城市规划学刊》2012年第1期。

"产城融合"要求产业与城市功能融合、空间整合,从而"以产促城,以城兴产",有学者提出,把产业园区打造成城市社区,以城市功能建设促进产业区发展[①]。我认为,开发区结构合理化应体现在三个层面,即区域产业(工业)体系、地域产业(三产)结构、城乡社会结构体系,不单单是围绕制造业发展的城市功能。就县域开发区而言,发展的首要目标在于改变地域三产结构,破解财政窘困,适应开放型经济需要配套产业体系,最终实现社会结构转型。开发区建设经历由在城市外围地区,交通节点寻求飞地发展,完善生产配套阶段;到寻求产业功能与城市功能融合。第一阶段着重于构建资本积累平台、产业承接载体,在城市外围地区,交通节点寻求飞地发展;第二阶段适应产业体系需要,完善生产性服务业功能,加强与周边城市联系;第三阶段则考虑经济社会结构的合理化,强化城市功能与产业功能形成合力,推进"产城融合"发展的新城区建设。产业园区只有在适合企业的区位要求以及市场运作的基础上,才能保证产业园区发展的永续性。

(二)开发区的城市功能融合的运作困局

1. 区划偏见制约下产业与城市功能区的逻辑矛盾

行政区常迫于竞争需要而构建自己的产业体系,造成相互间产业同构等问题,当区域内难以形成统一市场时,寻求区划调整不失为一种有效途径。区划调整常依据对城市经济的认识,拓展城市经济发展空间与优化经济社会结构,改变市场化的城市自然演进方式并重塑着城市体系。政府需要权衡整体利益与局部利益关系。改革开放以来,行政区划调整的核心逻辑是强化行政化的资源配置手段,力图实现行政中心的极化发展[②]。该逻辑体现于优先开发的政策上,忽视区域利益平衡,造成区域发展差距扩大。地区差距演变成为区域消费结构断裂,

---

① 刘荣增、王淑华:《城市新区的产城融合》,《城市问题》2013年第6期。
② 施宏:《行政区划调整对都市圈成长的影响》,《现代经济探讨》2011年第12期。

经济增速减缓，又因劳动力供给过剩降低了产业结构升级动力和压力，产业梯度转移延迟，进而加剧地方保护、区域市场分割和产业同构现象①。开发区设立改变了城市的产业格局、布局。产业集聚效应是产业园区存在之合理性所在，通过产业集群化形成产业链支撑体系，为区域的经济协作和专业化分工创造条件。开发区因产业、资本和人力积聚，为城市的发展奠定了人财物基础，推动形成新城区②。中观层面，产业发展水平决定着城镇化水平，决定着社会转型实现；宏观层面，地域社会的健康发展取决于在特定价值体系下，资源在区域范围的配置是否平衡，进而是经济结构与社会结构是否协调，没必要将功能区从行政区剥离开来对工业化与城镇化指标进行单独考核。工业化与城镇化是当今结构转型的核心主题，城镇化需要工业化作支撑，而产业在技术创新驱动下不断演进，因而城镇化具有特定时代内容。产业通常因技术创新节奏影响梯度转移，又因生产与消费结构、产业发展阶段与集聚程度制约着产业政策选择与产业园发展方式。当经济形态发生重大转变，即制造业由外向型向内向型转变时，开发区的生产就得做较大的适应性调整，从空间上把握产业功能与城市功能。

2. 共同的背景政策难于应对不同发展层次与阶段

开发区是寻求特区化政策效应，产业园区化是适应制造业发展规律的需要。产业园区因聚集效应和扩散效应，成为新的区域经济增长极。在现代产业体系架构下，园区的发展壮大以及产业链条的不断延伸，形成以产业园区为核心的园区体系。而宏观政策更多地考虑区域间的产业园区数量、空间分布，产业园区布局主要考虑的是地区既有产业集聚程度、产业特色、发展潜力。开发区"产城融合"在于建设以生态环境为依托、以现代产业体系为驱动、生产性和生活性服务融合、多元功能复合共生的新型城区，宏观层面关注城市与园区的融

---

① 彭荣胜：《区域协调与先发地区经济持续发展研究——基于两区域的分析》，《商业研究》2007年第10期。
② 蔡玉胜、陈茜：《开发区的城市化与城市管理：起源、演化与路径》，《改革与战略》2013年第8期。

合，中观层面关注园区生产与生活的融合，微观层面关注人与环境的融合[①]。"产城融合"规划可借鉴建筑空间设计的模块化方法，将城市功能单元模块化，嵌入以产业发展的阶段、类型及城市规划要素为轴建立的时空体系中，达到规划介入引导"产城融合"的目的[②]。因而，"产城融合"的难度不在规划理论上，而在对产业发展的阶段、技术创新引起经济周期与社会结构的动态把握，导致规划的非预见性。开发区是作为城市发展特定功能区而存在的，产业功能得到强化，而城市功能被压缩，造成对母城服务配套的依赖，形成"产城分割、职住分离"问题[③]。"产城融合"需要从时间、空间、类型、人本四个维度来认识，需要以空间统筹发展为前提，把握空间距离和空间规模，避免引发"小而散""规模不经济"等问题[④]。因而，产业园区建设的核心在于产业集聚、集群，侧重生产配套，而不是成为综合型的新城转型，园区的功能与结构优化应基于空间尺度判定，而不是忽视各自发展阶段的综合型新城建设。产业园区建设需要考虑产业体系，提供生产服务业与现代产业的要素支持条件。城市发展需要应对产业转型导致衰败与更新问题，产业要能适应现代都市要求，必然是绿色发展的现代产业。

（三）开发区的区域结构与城乡结构

1. 地域结构优化忽视"四化同步"的路径支撑

产业技术形态和区位格局在不断演变，改变着产业组织与集群方向乃至地域发展的机遇空间。各地开发区建设如火如荼，为产业发展创造着空间，成为新城建设的重要内容。"四化"不同步是

---

① 邹伟勇、黄炀等：《国家级开发区产城融合的动态规划路径》，《规划师》2014年第6期。
② 向乔玉、吕斌：《产城融合背景下产业园区模块空间建设体系规划引导》，《规划师》2014年第6期。
③ 邹伟勇、黄炀等：《国家级开发区产城融合的动态规划路径》，《规划师》2014年第6期。
④ 杜宝东：《产城融合的多维解析》，《规划师》2014年第6期。

当今我国结构问题的根源。传统社会向现代社会转型是工业化推动的城镇化过程，城镇化的关键在实施均衡城镇化战略，大都市与中小城市协调发展①，重要的是合理的产业分工与布局，加快经济圈内一体化进程。显然，区域性的地域开发序列决定区域间的经济结构，区域内的开发序列则决定城乡结构关系，开发区与行政区的开发利益分割决定开发区归属，进而决定地域产业与城市功能结构关系。功能区是系统结构的一部分，因功能区的行政隶属关系从而决定功能区的系统所属，以及功能区之间的结构平衡，也就形成不同层级结构问题。以开发区产业集群为主导的城市更新，则造成行政区间的不平衡，寻求再平衡只能反复借助于行政区调整。因此，作为功能区的产业园区的建设与发展，关系到城乡结构的合理化，关系到地域圈城市体系与地域圈内部交换与外部交换环境。

2. 区域结构局限于功能分区化的行政分权

在地域开发利益属地化的行政分权体制下，产业发展状况决定地方财政宽裕度。地域经济发展取决于产业布局选择，而在经济极化效应下呈现功能分区化。在市管县的行政体制下，市县关系犹如更高层面的城乡关系，县域经济的传统经济成分显著，在主体功能分区定位中，产业选择必定受到局限，必然受到一定约束，然而在社会转型发展进程中，必定需要工业化、城镇化、农业现代化同步推进。因而，县域必须设立开发区或产业园区，以强化产业集聚，推进城镇化进程，实现财政解困。在开发区升级过程中，发生权利所属变化，因而便产生利益结构变化。由此，开发利益归属决定着当今开发区与行政区合并是否必要与可能。在县域经济层面，县下设市的基本逻辑无非是将强镇扩权，地域开发利益属地化，类似于将开发区等特定功能区独立行政区化。开发区是否要行政区化，关键在于是否有

---

① 辜胜阻、李华等：《均衡城镇化：大都市与中小城市协调共进》，《人口研究》2010年第5期。

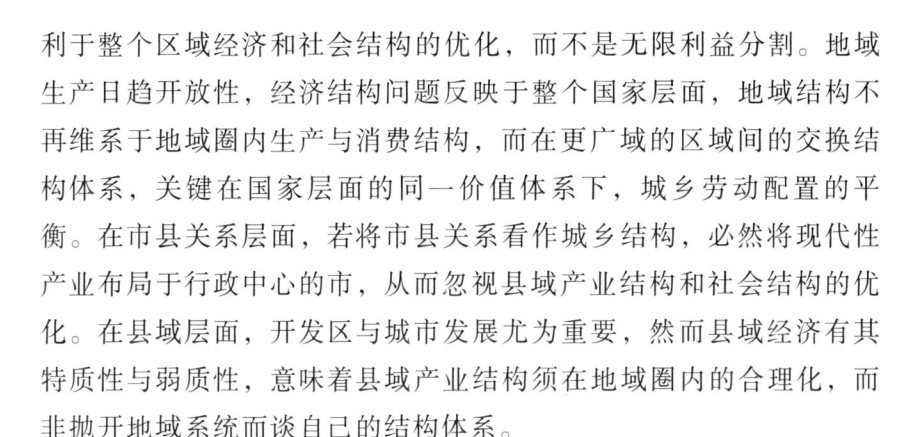

利于整个区域经济和社会结构的优化，而不是无限利益分割。地域生产日趋开放性，经济结构问题反映于整个国家层面，地域结构不再维系于地域圈内生产与消费结构，而在更广域的区域间的交换结构体系，关键在国家层面的同一价值体系下，城乡劳动配置的平衡。在市县关系层面，若将市县关系看作城乡结构，必然将现代性产业布局于行政中心的市，从而忽视县域产业结构和社会结构的优化。在县域层面，开发区与城市发展尤为重要，然而县域经济有其特质性与弱质性，意味着县域产业结构须在地域圈内的合理化，而非抛开地域系统而谈自己的结构体系。

四 开发区行政区化之合理性困惑：功能属性与主体职能

开发区需要应对产业转型升级、世界经济结构性变化做发展战略调整，"融合发展"就是其内容之一，其核心点在行政管理体制的架构和社会管理的创新。然而，各地开发区发展起点不同，发展程度有差异，面临的发展任务也不同，在相同的经济与社会结构转型背景下，对于开发区功能定位与职能选择以及开发区行政区化陷入困惑，就如何实现资源整合，确定功能定位与主体职责，各行政主体更多地出于发展利益归属而争执。

（一）开发区行政区化的职能分工迷惑

1. 功能性分权复归行政区体制的定位难

行政区划是国家政治制度的重要组成部分，是国家权力再分配和政策制定的基础，其核心内容是解决行政区与功能区的关系问题。通过引导性与适应性行政区划调整，改变着城市化的空间集聚。行政区划调整影响到地方政府行政和财政管理权限的变动和调整，往往由于区划调整的初衷设想过于简单，忽视多层面的结构关系，或因多目标博弈，结果偏离效率路径，引出事权与财权矛盾。在现行行政体制框架下，开发区的发展困境就在于特定功能性分权，管理权限不确定，缺乏法律的制度依据，造成开发区的性质、地位、职责、权限不清、归口管理不明确，管理权限无法固定化和法制化，结果与行政区的事权交叉，关系难以理顺[①]。开发区归属是行政区划问题，而开发区行政区化的必要性与否不仅要关注产业发展环境，还在于产—城是否融合、区域经济社会结构能否优化，地方财政或区域间发展能否平衡，常因主体性利益取向而被忽视。

全球化背景下，技术创新引起全球价值体系波动，引发产业梯度转移，同时也因新技术演绎出新的产业或业态。开发区追求单功能目标的行政效率，通常关注焦点在产业发展环境能否得到改善，而在应对园区不断扩容与全球结构调整和新业态发展上尤显管理机制不畅，无法有效整合资源。不断扩容的产业园区，呈现出单功能管理机构的管理机制不畅，无法有效整合资源。由此，开发区行政区化应运而生，这是行政管理权的再配置，也是利益分配关系的整合。从开发区与行政区的整合方式来看，或将开发区管理权限并入行政区，或将开发区地域直接行政区化，既承担开发区的开发建设任务，又承担区政府行政管理和社会职能，从而统合了开发区的行政隶属关系。

2. 不求体制"复归"但求地域功能扩张

开发区行政区化为开发区的发展提供了全面的政策支持和法律保障，可自主制定政策法规，协调各职能部门和优化区域内的资源配置。把高新区作为独立行政区或把行政区作为高新区来管理，实质上是强化开发区地位，保留开发区原有职能和利益结构，诸如宁波经济技术开发区位于北仑区，原由宁波市政府直接管理，完成开发区管委会领导层与北仑区的领导班子合并。管委会与当地政府为同一级别，同一套人马，接受管委会和行政区政府的双重领导，规避多头领导及

---

① 周宇：《后全球化时代省级开发区管理模式创新的审思》，《商业时代》2013年第29期。

其行政组织架构的体制"复归"。独立行政区型开发区的管理模式是把高新区直接作为一个行政区，或者把行政区直接作为高新区来管理。行政区划改变城镇化原有的逻辑和节奏，改变或制约城镇体系发育。开发区设立、扩容以及行政区化是行政区划逻辑演绎的结果，开发区行政层级与管理体制问题体现为行政区层面的行政隶属与利益归属、事务管理的责任划分问题，是经济利益与政治利益博弈的结果。开发区设立是功能特区化，开发区与行政区一体化趋向，是单功能行政对传统行政区经济复归，是经济、政治、社会三位一体的城镇化活力所在。开发区行政区化动机显然是开发区范围或权力的扩大化，或开发利益的属地化，其结果必然是加剧地域发展极化。行政同构化思维下，"县下设市""镇改市"显然是利益属地化的逻辑演绎，抛开社会结构的优化。

（二）开发区行政区化的利益归属争议

1. 利益导向的制度设计引致利益分割

行政分割常导致地方利益博弈，阻碍区域一体化发展。现行行政管辖体制下的财政体制的事权和支出范围划分比较粗，存在财权清晰、事权模糊，呈现"财走事不走""事增财未保"的现象[①]。开发区体制是特殊的利益关系，在国家级开发区中，大多数都有独立的一级财政，有31家获得50%以上的地方税收分成留存（其中7家全额留存），有30个高新区在扣除基本费用后土地出让收益全额留存高新区。高新区的经营模式主要是通过土地的开发建设和整体环境的打造，一是大幅提升区域内土地价值和土地经营收益，二是引入优质、高效的企业，创造可持续的丰厚税收。开发区多方共管体制是利益分成的结构，如长沙经开区是国家级开发区，属于市的派出机构，所在地为长沙县，实行市县共同管理，开发区与长沙县税收"六四分成"

---

① 南宁市财政局课题组：《对城区、开发区财政管理体制改革的思考》，《经济研究参考》2008年第53期。

的比例。开发区拥有一级财力但不用承担社会事务，相关行政区则要承担辖区内的开发区的社会事务，却没有得到相应的经费补助，因而常被指责。

2 利益载体人格化与价值取向局限

开发区的行政区化，使开发区局部利益服从行政区发展战略的全局性利益，有利于工业化和城市化的互动发展，也为行政区的"退二提二""退二进三"提供便利。从开发区视角看，两区合并，可获得支撑开发的用地需求；可自主制定地方法规和支持政策，集中和优化资源配置，协调职能部门强化政策执行。

但是，开发区因特殊的权责关系，两区合并呈现功能和体制整合不顺，原有体制与既得利益之间存在摩擦与冲突，合并之初便出现了经济功能目标分散、财力分散、体制分散、产业聚集弱化等诸多问题[1]。开发区与行政区合并成与败的价值判定标准并不明朗。开发区与行政区的"政区合一"，政府职能转变，不复归于传统行政管理体制，主要争论在开发利益归属。青岛高科园管委会与新崂山区政府合署办公，相关评价认为，园区被边缘化，未能获到行政区的有效支持，反而被行政区压制和掠夺，导致园区创新投入不足，难以实现发展转型和跃升[2]，即开发利益不应该成为行政区的"扶贫"。显然，开发区成了一种人格化的利益载体，演绎出城市搞飞地经济的开发区，开发区又搞起飞地发展，在利益驱动下开发区性质、功能与职能模糊化或局限化。

（三）开发区的行政区化引致结构失衡问题

1. 利益属地化引致地域碎片化背离区域一体化

开发区设立是飞地化的城市扩张形态，产业园区化发展是地方

---

[1] 张志胜：《行政化：开发区与行政区体制融合的逻辑归宿》，《现代城市研究》2011年第5期。

[2] 程郁、吕佳龄：《高新区与行政区合并：是体制复归，还是创新选择?》，《科学学与科学技术管理》2013年第6期。

主要政策导向，此导向推进开发区不断扩容，在"产城融合"政策指引下，演绎出各种形式的融合模式，开发区功能趋向多元化，形成新的城区，走向各种形式的行政区化。从开发区行政区化的几种类型看，开发区独立行政区化、开发区与所属区县合并，开发区的行政区化意味着开发利益的属地化。由此，在主体功能导向下和产业政策导向下，开发区俨然会重蹈行政区经济的覆辙，即趋向封闭利益，使得同级行政区之间因功能分区化而造成地域社会碎片化，导致财政收入差异而发展不平衡，导致公共资源与服务配置不平衡的矛盾。因城市更新、城市内部财政收入差异，由此演绎出频繁地行政辖区内的行政区划调整，以平衡区间不平衡，行政区也可能迫于因产业功能较弱的压力而又需另设新的开发区。行政区经济的弊端是地方保护主义和重复建设问题，阻碍区域经济一体化。因此，开发区行政区化成为行政区发展的不平衡由来，背离区域一体化。

2. 主体化引致地域发展极化、功能结构局限化

开发区发展改变着地域结构，开发区从成立到扩容，再到与行政区合并，这是开发区所属行政主体在寻求更大的发展空间、谋求更大的权利扩张，开发区自贸区化就是一种新的开发区形态，由此加速地域极化。在市场经济背景下，行政区经济将参与更广域的社会分工合作，而在区域经济极化效应下，地域经济日趋功能区化，在地域开发利益属地化的功能分区驱使下，地域社会呈碎片化。在大市场环境和新常态背景下，地域经济结构需要在地域圈内合理化，"小而全"的道路已不适应，关键在寻求地域内经济结构与社会结构协调发展，县域经济应该是自立的经济、特色经济、富民经济（农民增收），由市场决定资源配置，实现经济效益与社会效益的统合。地方政府侧重为行政单元提供社会服务，同时也承担着区域经济管理与区域经济发展职能，成为区域利益的"主体"与"执行者"[①]，开发区管理模式创

---

① 李雨停、丁四保等：《跨地区农村人口城市化与区域协调发展》，《经济问题探索》2012年第1期。

新实践意义不能局限于"经营性政府"和"发展型政府",而在于发掘行政区经济存在的价值,处理好载体与主体,功能与结构关系,基于"共享"发展理念,探索出广域的功能与结构优化路径,重构区域体系。

第七章

绿色发展的解困：主体功能区的价值取向与发展路径匡正

"绿色化"是生态文明的发展理念在实践层面的表述，相关研究逐步由生态伦理到生态价值深入实践层面，突破新古典经济学均衡价值论局限。环境经济学从理性、最优化、均衡等基本假定出发构想宏观经济。工业的绿色化驱动力在于政府、市场和社会公众对环境问题的响应；企业的响应在于外部压力转化，重要的是宏观层面的约束性的制度规范建设和激励政策引导微观经济主体行为。

我国人地关系视角的主体功能区规划已进入区域发展的实践层面，而有关主体功能区的核心理论问题并未根本解决，先行先试成为改革的一大趋势，因主体功能区规划直接关乎地域经济社会发展政策的选择，在地方规划中，规避对地方不利的因素，弱化主体功能区设定对地域获取发展的不利影响，或主体功能约束力不强。区域经济发展趋向一体化，地域发展差异化路径选择成为适应一体化发展的结构态势所迫，也成为主体功能区构想的实现条件。在区域体系中，由于极化效应，支撑产业发展的基本要素不断向大城市集聚，呈现出"农业大县、工业小县、财政穷县"的格局。当前，我国结构问题核心根源在于经济与社会结构转型的不协调，关键在于"四化同步"，由市场决定的劳动的价值实现与经济的效率实现。然而，地方分权的行政区经济隔断了区际联系，阻碍结构优化，片面的地方利益或价值取向，对主体功能区构建仍沿用旧的板块结构思维，寻求依赖行政的地方利益平衡化。因对主体功能区逻辑基点的认识存在误区，倾向于将区域系统碎片化寻求政策安抚，使得理论探索和实践推进陷入死角，纠结于发展权的争议与福利视角的补偿。即学界指出，主体功能区内在结构和外部政策的差异深化了各主体功能区之间的不平衡，有违公平市场竞争原则，并不能解决区域协调发展问题，必须建立生态补偿与机会成本的计量模型，以弥补因限制或放弃发展的机会成本，实现"不开发的发展""不开发的富裕"。故此，有必要厘清地域经济社会在不同层面结构体系的逻辑机理，以匡正主体功能区建设的价值取向和发展路径。

在竞争性行政分权体制下，地域经济社会发展趋向功能分区化，而功能区又趋向行政区化，构成地域开发利益属地化与行政主体利益均衡化的紧张。主体功能区构建是生态文明视角下的结构转型匡正，而当前，对主体功能区的区划逻辑基点的认识存在误区，使得理论探索和实践推进陷入死角。本专题研究通过地方利益与行政体制、行政区与经济区的功能分工以及地域分工与系统结构的内在关系梳理，发现主体功能区建设应以统一的价值取向的生态约束机制，摆脱福利视角的补偿与发展权争议，引导地域居民走由市场决定的价值实现与效率实现的路径，从区域视角将地域利益整合到经济社会的系统结构。

一 主体功能区的价值导向与存在环境

（一）主体功能区规划的价值取向

1. 功能分区化的区域协调发展

区域平衡发展备受关注，"九五""十五"时期，倡导人地和谐，按都市经济区、人口—产业集聚区、能源—资源重点开发区、农业综合开发区以及区划重点保护和综合治理的生态类型区等功能区。国家"十一五"规划纲要提出根据资源环境承载能力、发展基础和潜力，按照发挥比较优势、加强薄弱环节、基本公共服务均等化的要求，逐步形成主体功能定位清晰，东中西良性互动，公共服务和人民生活水平差距趋小的区域协调发展格局。"十二五"规划纲要再将限制开发区域细分为农产品主产区和重要生态功能区两类。《全国主体功能区规划》明确提出"根据资源环境承载能力、现有开发密度和发展潜力，统筹考虑并谋划未来我国人口分布、经济布局、国土利用和城镇化格局，将国土空间划分为优化开发、重点开发、限制开发和禁止开发四类主体功能区，按照主体功能定位调整完善区域政策和绩效评价，规范空间开发秩序"。从财政政策、投资政策、产业政策、土地政策、人口政策、环境政策等方面提出了保障措施。如对农产品主产区实行农业发展优先、强化对农产品保障能力的评价，重点生态功能区实行生态保护优先、强化对提供生态产品能力评价的绩效评价体系。让优化开发区域着重提高自主创新能力，提升参与全球化和国际分工的档次；重点开发区域着重加快工业化和城镇化，促进人口和经济大规模集聚；限制开发区域着重加强生态修复和环境保护，引导超载人口有序转移；禁止开发区域则是各类保护区域，着重实行强制性保护，严禁不符合主体功能定位的开发活动。

2. 民生质量的主体功能区价值导向

区域协调发展的核心是空间布局合理化，以往的经济开发战略旨在缩小各大板块间的 GDP 差距和增速差距，空间开发战略则综合考虑区域之间经济发展的平衡，如区域之间人口分布的平衡，经济、人口、生态之间的平衡，实质上是缩小人与人的差距。主体功能区战略发展理念关注区际实际收入水平和公共服务的均等化，是在对不同区域的资源环境承载能力、现有开发密度和发展潜力等要素进行综合分析的基础上，以自然环境要素、社会经济发展水平、生态系统特征以及人类活动形式的空间分异为依据，划分出具有某种特定主体功能的地域空间单元。主体功能区思想来源于国外空间管制的实践[1]，规范空间开发秩序，优化空间开发结构，提升空间利用效率，其实质是区

---

[1] 樊杰：《我国主体功能区划的科学基础》，《地理学报》2007 年第 4 期。

域差别化管理，将经济发展与生态保护结合起来，促进区域人地协调发展。从区域空间开发适宜性角度，将特定区域确定为特定主体功能定位类型的一种空间单元与规划区域，明确产业合理规模和布局，引导各种功能要素的合理流动，从而达到对资源的合理利用，促进生态环境保护事业的发展。因而，主体功能区规划是具有强烈的区域经济政策色彩的国土空间规划，强调空间管治，明确空间开发的红线或蓝线，以达到区域经济协调发展的目的。主体功能区是指类型区，是"地理空间＋职能空间＋政策空间"的复合体[①]，在对主体功能区内涵的理解上，容易产生"限制开发"与"限制发展"混同、主体功能区划与其他国土规划相混淆等理论困境。限制开发并非限制发展，是指发展要有限度、开发的度要有限制，侧重优先保护、开发适度、点状开发，强化环境保护和生态修复，因地制宜地在资源环境可承载的基础上发展特色产业。

（二）主体功能区结构的存在环境

1. 地域分工与功能区行政区化的管辖

经济转型与社会结构变迁相伴而行、同步推进，即"四化同步"。科技牵引产业转型升级，产业因集聚经济选择城镇，若当地方缺乏中枢性城镇载体，必将影响到产业承接转移，以至跨区劳动要素流动或城镇化。区域经济一体化是分工与协作的需要，也是资源市场配置下的价值平衡实现需要，然而区域间竞争不平衡引起的集聚推进广域一体化，一体化引起的流动性将影响到人口结构与区域协调，因此，需要若干抗衡的经济实体发挥集聚力和辐射力。我国城乡分治其实质是功能性分区化，城镇被切块设市，县域经济主体更多地体现为农业。经济系统的部门分割与功能分离问题源自于市与县功能定位差异、城与乡部门分割的行政体制。地方财政源自于行政主体管辖区的产业发

---

① 张可云、刘琼：《主体功能区规划实施面临的挑战与政策问题探讨》，《现代城市研究》2012年第6期。

展，即地域开发利益属地化，从而形成地方利益保护体制，在市管县体制下，行政主体的县认为市侵蚀了县的发展机会与利益，并要求财政权与事权结合。学界普遍认同"扩权强县"，回到"省管县"体制下，似乎行政扩权能化解财政困境，优化地域经济结构问题。然若在竞争性分权格局下，县行政区不能构筑完整的产业体系或经济社会结构，则无法实现。县域经济运行中的结构平衡，关键在于如何融入区域生产体系，在于经济效率提高与要素价值实现，在更大区域范围寻求生产与消费平衡。当今，县域经济趋向功能特定化，农业成为主体，最终将责任归咎于"国家支农不足"。主体功能区规划从城市区、农业区和生态区三个角度提出构建国土空间格局，在环境治理生态保护基本公共服务等领域要求地方政府按照行政区的范围界限明确政府权利义务和责任。主体功能区依据资源环境承载能力、现有开发密度和发展潜力决定"职能空间"，"职能空间"仍为抽象的生态功能与社会功能的空间"分工"，即在生态平衡下的社会生产与生活空间布局。主体功能区若以现行行政版图划分，依现行行政体制，则可能会遭遇社会结构转型的困惑。因而，核心问题是调整政府职能、功能分区与行政分权关系、市县行政体制与区域经济，以及构建区域性行政协调政府。

2. 功能特区化与对系统结构的依附

地域经济依托并服务于特定地域，地域经济分工与分化形成城镇经济和农村经济，在县域行政框架下，构成集聚中心的县城与广大腹地的农村结构，即存在工—农、城—乡的结构关系，而在功能分割、行政分权环境下，这种结构自身并不完整。县域经济一般依托县城，培育县域经济增长极，承接产业转移，发展特色产业，等等。发展县域经济有多种成功经验模式，而这些模式主要依据其地域特殊性，适应了地域系统的功能与结构依附关系。工业化、城镇化和农业现代化是地域经济社会转型发展的不可孤立的三个方面，通过工业吸纳农村劳动力实现就业转移，从而推进城镇化，若缺乏中枢机能城镇提供现代生产、生活设施、优质服务和机会，产业选择城市，城镇化倾向于跨区域实现，由此，地域经济系统结构失衡可导致乡村"人口空心化"或城镇"产业空心化"。地域经济的痼疾根源在广域的区域结构。就县层面而言，大多基于将县域经济看成一个完整体系，在此体系下推进工业化和城镇化，或应自身发展需要调整产业形态，发展壮大第二、第三产业。然而，县域经济系统完整性是特定经济形态或发展阶段的体现，其工业、农业生产不局限于满足县域自身消费，而是更广域社会需求，当经济活动突破行政区范畴，就需要寻求新的区域经济系统下的结构平衡，功能趋向特定化，这种结构平衡常体现在国家或地区层面。农业是县域经济的主要部门，在市场化、国际化和现代化的新背景下，核心问题是如何解决小农户的家庭经营与大市场的矛盾，如何培育现代农业经营主体，使农业劳动者致富，使农业更具活力。农业现代化的前提是剩余劳动力转移，实质是劳动力资源配置结构的再平衡化，当前我国劳动资源"稀缺化"，使得劳动力价格（成本）趋升，剩余劳动力不完全转移下的农业处于兼业化经营状态，不利于生产效率提高，进而构成劳动者与生产经营者对社会财富分配的博弈，只有通过技术和生产组织方式提高效率，才能打破劳动结构平衡。

3. 行政区与区域经济体系的约束

行政格局对于产业集聚、城市功能集聚产生约束。约束性行政层级过多引起行政效率低下常遭批判，要求回归"省直管县"的体制下，但"省直管县"体制可能造成中心城市与县域、县城之间的天然联系被截断，影响到中心城市增长极与县级城镇的发展[1]。一般主张保留县建制，或基于功能差异的市县分等的行政区划体系改革。行政区经济的根本前提是行政力量对经济活动具有强有力的直接或间接干预作用[2]，致使某些经济活动局限在行政区空间单元内，难以遵循

---

[1] 缪匡华：《"省直管县"体制改革中地级市面临的问题研究》，《天津师范大学学报》（社会科学版）2010年第6期。
[2] 贾若祥：《实施主体功能区战略下的区域发展模式转变研究》，《中国经贸导刊》2012年第16期。

市场规律进行空间配置。区域协调发展依赖于经济效率最大化原则和代表政治的公平原则，在市场经济背景下，需要政府进行功能调适，促进区域之间协调。因而在行政区框架下的经济社会结构调整，也体现为地理空间上的发展平衡。应从解决空间失衡问题出发，促进区域协调发展[1]，针对特定的区域差距、空间失衡与区际冲突问题，承担相应的协调任务，其协调途径包括空间整合、开发强度约束、空间管治以及基本公共服务与生活条件的均等化。主体功能区战略下，区域发展模式趋向生态文明，由板块区经济向类型区经济，由行政区经济向经济区经济等转变。主体功能定位则是对区域过去发展水平的一个事后承认或被动承认[2]。在城—乡、市—县的结构调整中，行政区趋向功能分区化，而功能区在经济整个环节中不是孤立存在，不可抛开功能区或将功能区孤立化。区际间竞争的优劣会导致更广域的集中，亦即更广域的一体化与功能分区化。区域经济一体化是地域功能特区化过程，需要协调各功能区基本生产与生活如何融入区域经济圈，不应苛求地域经济自身系统的完整性，即在地域经济城市群化的中心与腹地结构体系下，寻找自身定位。产能过剩是当今县域工业化推进的瓶颈，造成行政主体间竞争大于协作。当前我国地域经济社会结构问题源自国家层面的结构问题，当然也不可忽视区域经济的一体化和重构地域生活圈，适应区域经济一体化，突破行政区制约，促进市场配置资源，激发县域要素活力。地域经济活动融入广域的一体化区域范畴，而作为一个生活圈或经济区，仍需要城镇化、工业化、农业现代化同步推进，实现结构优化。在县行政区层面，"四化同步"是结构调整的核心主题，既要经济结构调整也要社会结构调整，需要在市—县行政体制下，应对生产力布局的集中与分散，提高地域生产与消费水平，促进资源要素的价值实现与生产上的效率实现。

---

[1] 王倩：《基于主体功能区的区域协调发展新思路》，《四川师范大学学报》（社会科学版）2011年第1期。
[2] 薄文广、安虎森等：《主体功能区建设与区域协调发展：促进亦或冒进》，《中国人口·资源与环境》2011年第10期。

二 地方利益博弈与主体功能区的价值扭曲

（一）利益片面化的地方政府价值取向

1. 地方利益抽象化

地方利益通常为以地方政府官员、地方企业与本地居民为主体形成的共生型集团利益，涉及地区产业发展、市场进入与竞争、公共资源与投资分配等多方面。按照利益主体可分为公众利益和政府利益，公众利益涉及居民收入水平、生活质量、就业机会、企业经济效益等，而政府利益则是地方政府在行政过程中，凭借政治资源所追求的自我利益，如政府官员的利益、政府部门的利益以及地方政府的整体利益等。按照地方利益的内容可分为经济利益、政治利益、社会利益，但经济利益是最根本的，它决定政治利益和社会利益。特定地方存在不同阶层、角色和背景的利益主体，很难说"地方利益"能够代表本地方所有客观存在的利益。地方政府利益、地方人民利益均不等同于地方利益，地方政府利益表达与地方人民利益表达之间还存在着一定张力。地方政府追求和实现自身利益的最大化，并不以本区域居民福利的最大化为利益目标，即以追求预算规模、行政权力、政府机构规模的最大化为目标[1]。政府职责在于为公众提供公共产品和公共服务，其自我利益追求必须以公众利益的实现为前提，否则政府就不能获得公众的信任和支持，然而，我国政府体系中沿用着压力型体制，下级政府的主要目标是为了完成上级布置的任务和各项指标，在此过程中，通过任务和指标层层分解，下派给下级组织和个人，根据完成任务的情况给予政治和经济上的奖励[2]，对地方政府权威直接构成影响是上层政府。行政分权使地方政府成为利益主体，地方政府机构的利益并不是一个实体的利益，而只是地方政府官员利益实现的一

---

[1] 安树伟、吉新峰等：《主体功能区建设中区域利益的协调机制与实现途径研究》，《甘肃社会科学》2010年第2期。

[2] 张紧跟：《当代中国政府间关系导论》，社会科学文献出版社2009年版。

个载体，如在地方竞争中，对招商活动"但求所在，不求所有"。

2. 地方利益的政府诉求

地方利益通常体现为由地方政府代表或主导的利益诉求，而居民层面的利益往往被掩盖。在地域开发中，开发区经济与社会协调发展便成为首要的问题，利益诉求群体有失地农民、城中村居民、企业员工和购房市民等。区域利益主体的地方政府，一方面与中央政府博弈，企图扩大地方政府的预算内收入；另一方面运用政策手段，增加非正常收入。在区域层面，因财政利益层面的冲突在一定程度上造成了政府间关系的疏离，使得省市政府逐渐分化为独立的利益主体。在城市群内部仍表现为"行政区"经济，产业竞争大于产业分工协作，核心城市设法争夺有限资源和国家优惠政策，获取自身利益。东部三大城市群自主创新能力不强，产业梯度转移缓慢，因缺乏紧密的经济联系和产业分工合作，创新型产业和传统产业在东部地区并存，传统产业长期滞留本地区。地方的发展和结构转型深受宏观政策影响，对于生态文明视角下的主体功能区政策，引发各级政府之间发展权的激烈博弈，都希望进入重点开发行列，从而获得发展的机会，变成一个省重点开发区域。地方政府为了吸引中央政府投资，低估所申请项目的投资需要额，并承诺自行筹措较大份额的配套投资，待项目上马之后，地方政府的投资往往并不能按时到位，中央政府被迫追加投资。在产业结构调整过程中，地方政府普遍扩张行为导致宏观失控，只顾追逐眼前利益，而把宏观调控的责任交给了中央政府。

3. 区域经济的价值导向局限

地方利益体现在地方利益的分配中，直接关系到地方利益的争取，表现为政府与居民、企业的利益纠葛。利益导向受价值取向驱使，局限化的价值取向易导致不合理的利益诉求。地方政府为地方利益代表以争取地方利益，而真正的地方居民利益诉求多反映在地方政府行为引起利益受侵害方面，如城镇化、工业化引起的纠纷。在地方经济与社会结构变迁中，居民利益在于作为资源要素的价值实现，政府职能在于利导社会结构转型。而在竞争性行政体制下，地方政府职责不是来自基层居民对生活水平平衡化诉求的政治压力，政府行为的利益追逐是没有平衡可言的，即便某一地区的地方利益实现均衡，并不意味着其他地区的地方利益也能够同时实现均衡，也不意味着国民经济发展的整体达到了均衡状态，在区域合作中地方利益冲突难免。生态文明视角下的主体功能区构建，这种新发展范式需要重新审视地方利益与区域利益。而在现行体制下如何构建生态协调的主体功能区，有人指出，关键是地方利益的协调问题，主张依赖于中央政府主导下的整体协调与区域合作来加以克服，建立利益协调、沟通协调等机制，完善绩效考核机制，推行生态补偿制度。地方利益诉求受制利益主体间的博弈，而在单向沟通渠道下，利益关系更多地被简约或掩盖，无逻辑上的利益平衡可言。主体功能区的价值取向应是生态相关规制约束下的，经济和社会的结构转型。受认知层面的价值取向决定，学界认为，国家为了保护生态环境构建主体功能区，限制了许多地方的开发利用。而地方开发利益大多属于地方政府利益或在地方政府庇护下的企业，"代表"着地方利益，却常侵害着居民利益。居民利益在于遵循一定价值导向下的规制约束并能否获得发展的机会。生态价值取向关系着经济可持续发展，直接关系着公共利益或公民利益，其利益博弈主体是政府、企业与居民乃至国民，因此，环境治理需要来自基层政治的压力，关键是厘清地方利益体制，以矫正地方利益取向。

（二）主体功能区的价值实现"逻辑"

1. 主体功能区基本理论进展

区域经济的平衡理论强调"公平"目标，体现政治、社会价值，非平衡增长理论强调"效率"目标的经济价值。由市场推动的区域平衡过程漫长，而由政府推动的区域平衡发展，强调公平却牺牲了效率。国外区域政策侧重于提高个人福利和促进就业平等与社会和谐，避免收入差距过大。近几年，把生态文明引入我们的发展理论，衍生出主体功能区构想，给出了优化开发区域侧重稳态经济，重点开发区域以生态经济效率为主，限制开发区域以生态经济和自然资本投资，禁止开发区域侧重生态环境和公共物品供给的发展模式[1]。"点—轴系统"理论、"城市区域"理论、"人地关系地域系统"理论成为主体功能区规划理论基础。主体功能区是由资源环境承载能力、现有开发密度和发展潜力决定着"职能空间"，即生态功能与经济、社会功能的空间"分工"。主体功能区划的空间系统职能分工，其基本手段是划定空间界限，实施不同的功能区政策，促进区域高效协调发展[2]。因而，主体功能区是"地理空间＋职能空间＋政策空间"的复合体，内在结构和外部政策的差异深化了各主体功能区之间利益的不平衡[3]，有违公平竞争的市场经济规律[4]。至于如何构建，有人强调，以"县"级行政区为基本单元，进行全覆盖"红线划分"[5]；有人认为，单纯依靠主体功能区并不能完全解决区域协调发展问题，必须调整和完善国家区域政策体系[6]，但普遍反映推进工作中最大的障碍和困难是制度保障力不够，尚未能形成具体和针对性的区划实施保障政策体系。生态资源环境管理制度执行的瓶颈与矛盾主要集中在资金上，只有在建立主体功能区生态预算系统时，充分考虑各类主体功能区生态预算子系统的权力与责任，明确主体功能区系统目标与子系统目标的关系，才能让限制开发区域政府看到新的发展希望[7]。争论的核心在于"发展权"，要求提供保障机制，归入制度解决方案。由此，必须

---

[1] 杨玉文、李慧明：《我国主体功能区规划及发展机理研究》，《经济与管理研究》2009年第6期。

[2] 邓玲、杜黎明：《主体功能区建设的区域协调功能研究》，《经济学家》2006年第4期。

[3] 王昱、丁四保等：《主体功能区划及其生态补偿机制的地理学依据》，《地域研究与开发》2009年第1期。

[4] 孙红玲：《"3＋4"：三大块区域协调互动机制与四类主体功能区的形成》，《中国工业经济》2008年第10期。

[5] 李宪坡：《解析我国主体功能区划基本问题》，《人文地理》2008年第1期。

[6] 魏后凯：《中国国家区域政策的调整与展望》，《西南民族大学学报》（人文社科版）2008年第10期。

[7] 徐莉萍、孙文明：《主体功能区生态预算系统：环境、结构与合作》，《经济学家》2013年第9期。

梳理生态资源环境管理中的权力与责任的分工，提高管理制度的全面性与非重叠性。

2. 主体功能区建设的利益补偿"结论"

主体功能区规划，其科学性在于生态价值导向，其划分的合理性尚不得而知，即使其合理性成立也不表示其社会结构变迁过程的合理。学界认为，产业限制导致发展权被剥夺，人口迁移导致公共服务流失和承担生态服务成本，与优化和重点开发区域构成利益冲突。利益诉求来自一种认知视角下的价值导向。普遍认为，主体功能定位对欠发达地区的工业化和城镇化是约束，更多地承担生态、粮食等国家安全的战略功能，陷入"发展"与"限制"的困境。因而，要确保被限制或禁止发展的特定区域得到最基本的经济补偿，以弥补因限制或放弃发展机会而付出的机会成本[①]，从工业基础差异情况出发，建立生态补偿与机会成本的计量模型，获得工业发展减速后理应得到的生态补偿水平。对此，必须构建完善的利益补偿机制、科学高效的考核评价机制和统一的监管机构，以及长效的地方政府联席和对话机制，以实现区域协调发展和共同富裕[②]。若以上逻辑成立，那么问题的焦点必然落在生态补偿机制问题上，由此争论焦点为：（1）政府主导的生态补偿机制效率低，不能有效解决改善民生与环境保护的矛盾；（2）对禁限开发地区进行财政转移支付，主要用在公共服务上，忽略个人发展权；（3）补偿机制转移支付模式单一，缺乏横向转移支付，纵向转移支付模式背离"受益者付费"原则，不利于调动各区域生态保护的积极性；等等。若将限制和禁止开发区域作为独立区域，或将行政区经济孤立化，势必在产业结构上约束农业等生产领域，势必会加大强农惠农政策力度，并重点向农产品主产区倾斜。然而生态补偿面对多层面利益分配与利益权衡，制度设计一时难以厘

---

① 代明、刘燕妮等：《基于主体功能区划和机会成本的生态补偿标准分析》，《自然资源学报》2013年第8期。
② 彭迪云、何文靓：《我国实施主体功能区战略的利益困局与政策建议》，《求实》2013年第6期。

清。当然有学者提出了生态也是财富的发展理念,类似排放权交易之说法,其自身是否契合生态理论、生态价值如何化为区域优势仍需要理论探究。主体功能区划让本来存在的城乡结构、区间结构的结构问题凸显,问题的核心是结构平衡,主体功能区只是对平衡方式的约束,而并不是解决平衡问题的有效工具,却被视作结构问题的契机,背负平衡的政治责任。

(三) 功能区与行政区交织的价值取向错位

1. 行政体制与地方分权的利益矛盾

地方分权是基于地方自立发展的必要性,以发挥地方政府的积极作用,通过税种归属的财权划分,刺激形成经营性地方政府,自然形成行政分权体制框架下的开发利益属地化与区域发展平衡化的矛盾。分权体制下的地域经济发展深受财政影响,事权与财权一致性成为市管县体制的争论焦点。由传统趋向现代的结构转型中,工业化和城镇化不断推进,而城乡分治体制下,地域经济常遭到功能剥离与结构肢解,县行政区遭"切块设市",或遭致大城市扩张性切割,以及"整县设市"。市县职能存在定位差异,市管县因各自主体的责任和利益,导致市县之间利益博弈,市县经济相分割,市对县在经济发展上给予帮助有限,县行政区职能逐渐弱化,尤显行政审批层次多、管理半径长。行政区划的初衷基于地域资源状况,提高经济社会管理效率,而在既定行政区划格局下,发展经济、布局产业成为行政主体的职责。地方财政实力来自地方产业发展,而产业集中园区为特定功能区,而在其发展中常引出发展利益属地化诉求。分权的行政主体,在竞争格局下发展产业时,不免会产生产业同构、同质化竞争。县—市、城—乡差异定位的行政分权格局下,经济系统的部门割裂与功能分离,在空间上呈现功能性分区特质,首先表现为市与县的脱离,代表现代产业的城镇常遭切块,产业主体则多体现为农业,县域内部表现为城镇与乡村的分离,其实质也为功能分区化,存在功能区又趋向行政区化。在县与市关系功能特区化的结构中,协调区域发展的价值导向应为区域平衡，意味着以区域为单位，构建区域结构体系，行政区划改革着重处理功能区的行政区化以及事权和财权的关系，而不是通过将区域碎片化的方式实施政策安抚。

2. 功能区、主体功能区与行政区统合矛盾

区域经济一体化暗含地域功能特区化，在区域层面实现功能与结构的优化。在城—乡层面发挥中心城镇功能，拉近乡村与城镇距离，确保地域经济活力；在产业结构层面，促进产业集中、集群，对接区域产业链条。功能分区化的工农结构体现为城乡结构，城乡收入均衡化有赖于以市场配置资源，实现劳动价值均衡化。在行政、财政分权体制下，行政主体间的发展不平衡、产业布局不对称，引起产业、城市功能集聚趋向分化以及极化，造成对地域经济发展的巨大约束。县域经济有自己的结构，工业是其重要部门，但受到中心城市抑制，市—县功能分区化，一定程度上使得县域经济多为传统性产业，从而沦为城乡关系。市管县体制源自计划经济的城乡统筹需要，行政分权体制下，若没有统一财政体制，事权与财权匹配将失去实质性内容，从重构新型城乡关系看，也难以化解统合管理的矛盾。省管县争议无非是求得市、县行政主体地位的对等，但以取消市管县体制化解市县矛盾，并未改变其相互竞争格局。地域经济趋向城市群化是区域功能与结构的优化整合过程，而行政主体的权利争夺则违背区域协调。因而城乡统筹需要在多个层面上把握，构建区域型行政，统合建制市县。主体功能区与行政区的关系体现在主体功能区内行政主体与行政主体内的主体功能区两个层面，二者相割断与细分，而陷入发展与限制的困境。核心问题在于处理经济结构问题、社会结构问题以及生态问题，也就是如何"四化"同步、突破行政藩篱。在"技术"上可将主体功能区网格化，但四区不能相互隔断，关键是如何将四区整合进行政区内，发挥经济功能与社会功能作用，促进经济与社会结构转型。在错综复杂的地域矛盾下，重要的是以单位区域为整体，着重构筑生态资源循环的系统结构，促进协调，否则只能依赖计划经济模式，依靠庞大的政府机构。在市场一体化背景下，地域工业化程度以

行政区划分的评价方式暗含肯定地域分割的经济社会结构，常造成城镇功能区被层层剥离，而求行政区城镇化率、工业化率。县域经济具有特质性，意味着县域产业结构在地域圈内的合理化，而非跳出地域系统而谈建构自己的独立的结构体系。

三　主体功能区际利益协调及其政策取向

（一）摆脱福利化视角的补偿政策穷途

1. 主体功能区划的现实问题

主体功能区战略从规划层面打破区域行政界限，让经济基础条件优越的地区优化产业结构、增强产业集聚效应、扩大对外辐射能力，让生态环境脆弱的区域进行生态保护，使人地关系协调。当前相关研究多集中在规划理论研究，少数集中在规划技术方法研究，多采取GIS（地理信息系统）进行空间分析，得到各类主体功能区。现省市发布主体功能区规划都是站在省属行政区划总体角度，并未将目标细分到行政区划中的异质主体功能区。学界认为，县是实施主体功能区的基本划分单元，其发展必须遵循国家对县域的主体功能定位[①]。开发区域划分标准的环境容量限量、发展基础和发展增量如何科学地划分和界定成为争论的焦点，资源环境承载力属于动态范畴，随着生产技术、生产方式、制度环境、生态文明等要素的改进和完善，区域的资源环境承载力有所浮动。对于限制开发区和禁止开发区承担着环境和生态维持功能，不能更多地发展工业经济，当前学界普遍提出地方发展权，即发展权政治化，而各种补偿机制又很不完善，因此，没有一定的经济和产业的支撑，这些区域是无法承担生态和环境功能的。省级财政转移支付受制于自身财政投资能力和本省负担大小，中西部省份财政能力较弱，而境内限制和禁止开发区面积较大，省财政难以提供足够的保障资金。国内学

---

① 陈焕珍：《县域尺度主体功能区划分研究》，《现代城市研究》2013年第7期。

者探讨实行包括横向和纵向在内的生态补偿以弥补限制和禁止开发区由于放弃产业发展而对优化开发区和重点开发区承担的生态保持和维持的利益受损。生态补偿的标准及数量则存在巨大的争议，没有一个较成熟和令人信服的生态补偿标准。另外，要让不同区域根据资源环境的不同禀赋，各司其职，"安守"各自的开发强度，有待于一系列配套政策、措施的完善、支持，解决资源环境承载能力的数量化考核难题。显然，主体功能区构建的相关研究倾向于一种给付型福利国家的视角，探究利益补偿机制。

2. 主体功能区的补偿逻辑的缺陷

主体功能区构建是人地关系的空间结构转型，是生态约束下的经济与社会结构的转型。因而，如何推进结构转型是问题的关键。而在此结构转型中，却又存在固守彼结构惯性，以寻求补偿来平衡利益，从而制约社会效益的发挥。当前，主体功能区规划倾向于技术层面的网格化划分，存在将行政区内的主体功能区独立行政区化，由此来划定或判定其发展空间，其显然是功能隔断的划分思维，即站在生态视角，隔断经济结构和社会结构的关联性。社会结构转型的有序化源自于政策导向下的市场运作，而非将地域网格化将利益主体定格化，寻求政治化的地域支持体系。失去市场化的价值实现途径，经济结构和社会结构都不可能得到优化。县域经济社会转型都包含着工业化、信息化、城镇化和农业现代化四个方面的同步性，关键是其统合途径可能在地域层面，也可能需要在区域层面，重要的是如何推进区域行政协调，在区域一体化中获得地方行政主体的发展空间。忽视结构变迁的需要，忽视行政、财政分权背景下，地域间的不平衡，也就很难确保农业主产区劳动力要素的价值实现与经济效率提高。工业产能过剩，劳动成本趋向均衡，产业转移与承接的矛盾重重，最终劳动力要素价值实现与经济效益实现需要在区际层面来协调。相关研究习惯于把转移支付当作看家法宝，忽视转移支付的效率问题，何以起到引导社会结构优化。若不揭开地方利益的症结所在，而大谈跨区补偿或转移支付只会误导社会畸形发展。

（二）引导价值实现与利益平衡化途径

1. 主体功能区际平衡策略的统合

主体功能区构建是一个极其复杂的系统工程，需要让不同层级的政府承担不同的责任与成本。要实现高效国土空间开发格局，单纯依靠财政政策和投资政策显得势单力薄[1]。区域发展应重视发展伦理和区域公平[2]，把政府权力和民众民主两个政治变量与经济增长和财富分配两个经济变量结合互补作为发展的重要衡量变量。当前我国的区域问题有发展落后的贫困地区、结构单一的资源型城市、处于衰退中的老工业基地、财政包袱沉重的粮食主产区和无序膨胀的大都市等。从现行政区看，自然地理、经济资源与人口分布特征未必与行政边界吻合，就县域行政区而言，也存在明显的内部差异，因而以县为主体功能区划分的基本空间单元，仍存在难以避免的缺陷。有人提出"中央地方博弈"协调机制、利益补偿机制和定期调整机制等。显然这种解决方案，需要依靠专门的职能部门负责，需要标准区域与问题区域区划体系，需要有一个平衡经济、政治与民族问题的长远战略，建立定期调整机制，设计一套利益补偿机制，等等。生态环境问题是所有"四区"都面临的现实问题，环境治理是应该统一标准、同步推进，正因为经济结构转型不可脱离社会结构变迁，生态结构优化只是对经济社会结构变迁的约束，结构如何合理才是政策工具的功能所在。

2. 价值实现与效率实现的平衡

社会运行的基础是生产，在于创造社会财富，扩大社会生产的关键在于发挥既有劳动资源优势，投入生产中，而技术可提高生产效率，降低劳动强度。在工业—农业结构方面，若当工业生产效率不断改善，而农业生产效率改善较小，那么，工业劳动强度下降意味着农

---

[1] 张可云、刘琼：《主体功能区规划实施面临的挑战与政策问题探讨》，《现代城市研究》2012年第6期。

[2] 王圣云、马仁锋等：《中国区域发展范式转向与主体功能区规划理论响应》，《地域研究与开发》2012年第6期。

业劳动价值的相对上升，从而在两部类生产的分割状态下，农业劳动价值扭曲是一个积累性扭曲，又因价值扭曲使得效率提高成本高于劳动成本。在国内—国外和工业—农业的两重结构中，存在两重劳动价值的扭曲，因而，在劳动市场化配置条件下，整体劳动价值回归最终有赖于农村劳动收入的改善。农业经济是县域经济的主体，粮食需求满足后，继续投入不构成投入—收入的增函数关系，因而结构问题成为县域经济的主要制约。解决贫困问题需要发展工业，将贫困人口纳入工业生产体系中，提供就业机会，创造财富和享受福利。农民增收须通过农村剩余劳动力转移，实现农民收入多元化，当劳动力转移达到结构性平衡时，即农村劳动综合收入与专职工业的劳动收入持平，在分散经营条件下，该结构性平衡意味着在同等劳动强度下的劳动价格平衡。劳动价格趋向平衡，使得农业生产以粗放经营减少劳动投入，由供需结构实现价格上涨。由此，资源配置结构平衡可望成为县域居民收入均衡化契机。农业现代化似乎是一场农业生产的技术变革，其实是一场社会结构变迁。地域经济结构问题化解离不开"四化"同步推进。解决结构问题的实质是价值实现与效率实现。价值实现与效率实现的基础是生产与消费构筑的经济生态，在结构层面上，价值扭曲引起社会财富分配不平衡，也造成技术成本大于劳动成本，无益于技术效率的改善。价值扭曲易造成勤劳不能致富，导致基本价值标准的困惑，乃至引起社会价值体系的扭曲。农业因用工成本上升而趋向粗放经营，价值实现不依赖效率改善，在此关节点上，推进农业现代化提高生产效率显得非常必要，使组织化生产效益大于个体经营效益。

3. 生态问题与地方发展思路的转变

生态问题与地方发展问题孰重孰轻、何以平衡？首先，做到制度设计上的公平性，统一"优化建设区域""重点建设区域"的生态控制与"限制发展区域"的生态环境政策。其次，区域发展普惠，改变行政主体角色，改变地域开发利益局限化。正视地方各类主体利益诉求，匡正政府利益与居民利益关系。在地域开发方面，存在政府利益不取向于居民利益，多局限于工业开发，而居民层面的利益体现为公共利益或集体利益，构成正向的政治呼声，在涉及生态环境上，最终有赖于公民社会系统压力。企业及个人参与的经济活动只是市场主体，并不能代表地方利益，其价值取向是在相关规制约束下，通过市场的趋利而运行，然而在与地方利益网络中却赋予了一种价值载体。地域开发的介质是企业，因利益链条延伸，也参与地方利益申诉，往往因资质不全，成为地方生态最大的破坏者。因而，主体功能区规划，重要的是厘清竞争性行政分权格局下政府职能与分权关系，如何规范地方政府经济行为，平衡行政主体间利益。开发无序和空间失衡常为学界批判，最紧要的地域承载能力与发展能力的权衡，则存在极大主观性评价。在利益补偿说中，相关研究潜心于"排放权交易"以及基于发展权或机会的制约影响量化、指标化的补偿，然而优化区转型升级趋向以三次产业为主体，重点发展区需要投资烧钱。另外，经济处于波动中，均为量化带来不确定性，也存在开发逻辑机理尚未搞清状态下推进试点。

（三）构建地方与区域系统的政策载体

1. 现行主体功能区推进方式的问题

主体功能区是基于国土开发适宜性评价而进行的区域划分。主体功能区建设必须处理好限制与发展、政府与市场、主体功能区与行政区、各类主体功能区之间、其他各类空间规划、主体功能与其他功能之间的关系。然而，主体功能区建设并不能较好地解决区域协调发展尤其是地区差距扩大问题，深化区域间利益的不平衡[①]。如何通过经济空间与生态空间的分工协作、优势互补，实现国土空间的有序有度开发、协调发展，需要处理好跨行政区的主体功能区中由谁提供公共服务，生态建设如何管理和协调等问题。限制开发区域类型，地域范

---

① 傅前瞻、余茂辉：《推进主体功能区建设必须正确认识和处理的若干关系》，《经济问题探索》2010年第3期。

围较大，关系到我国的粮食安全、生态安全和国土安全，国内学者从产业政策、绩效评价、财政政策等方面进行了相关研究。针对限制开发区域，一般认为，需要保持一定程度的开发，通过生态移民等，减轻区域的资源环境压力，实行点状开发，通过财政补偿政策改善公共服务和生活条件；也有人认为，仅仅强调基本公共服务的均等化是远远不够的，应主要依靠政府的财政转移支付，实现"不开发的发展""不开发的富裕"[1]；也有人指出，需要进行分区分级，制定细化的区域承载能力、开发强度、开发模式的相应政策，实施生态补偿保障[2]。显然，在认知导向出现偏离，研究进入死角，相关保障措施及绩效评价的研究均停在宏观层面，区域政策设计、绩效评价、生态补偿等方面研究都缺乏深度，各种政策叙述较为模糊、笼统，切合各区域实际的可行政策措施更是鲜见。

2. 结构转型与功能分区的统合

技术进步引起经济转型，经济转型与社会结构变迁相伴而行，体现为工业化、信息化、城镇化与农业现代化的"四化"同步。显然，技术差异引起区域经济发展不平衡，而城镇集聚力影响产业转移或承接，从而引起要素跨区流动，劳动配置平衡是劳动力价格均衡化，进而影响农业发展方向。"四化"是经济社会变迁的过程，也是结构转型的功能或手段，在此过程中，存在将各种功能特区化，进而行政区化，表现为城市与乡村二元化结构，开发区域行政区化和开发利益属地化。反映生态价值取向的主体功能区，若不改变区域功能分区化与功能区行政区化的思维窠臼，必定趋向新的"二元"结构。功能依托地域载体，但功能不能脱离系统结构。地域经济社会系统范畴随着经济发展而演变，行政主体的系统结构是否要保持完整性，决定于是否需要与更广域的环境寻求合作与整合。因此，主体功能区规划，首先，满足要素资源的价值实现与效率实现，即不违背市场规则，有效

---

[1] 魏后凯：《对推进形成主体功能区的冷思考》，《中国发展观察》2007年第3期。
[2] 杨美玲、米文宝等：《主体功能区架构下我国限制开发区域的研究进展与展望》，《生态经济》2013年第10期。

发挥市场机能；其次，确保主体功能区的"功能"与区域系统整合，让行政主体嵌合到区域经济与社会系统中。由此，一体化的路径选择成为重要手段，而非在既存行政格局下，行政主体各自寻求地方利益平衡化与地域系统的完整性，或争取各种地方利益补偿机制的发展权。

当前中国经济社会发展面临的核心问题为结构转型，有序的结构转型源自于不平衡趋向平衡。倚重于转移支付的利益补偿方式，将地域经济发展局限在工业、农业、生态上，可能削弱经济、社会结构转型正常轨道。需要从技术发展的新动态，把握经济服务化和生产的集中与分散的新态势。主体功能区划界存在同一行政区内的区域功能不同、级别不同，还存在与其他行政区之间的功能性合作关系。县级行政区为主体功能区战略基本政策的重要单元，县域经济主体多为农业，而农业现代化也应该在市场机制下发展，何以按规划图式推进其发展呢？应该从产业主体层面控制环境问题，而非直接作用于有政治价值取向的居民层面或政府层面。

3. 构筑地域基本生活圈的路径取向

国家主体功能区规划框架给予了各省区市不同的发展空间，从而决定了各自面对不同的发展形势，而规划越到基层影响越大，市县政府的实施愈加困难。主体功能区遇到政策载体、利益补偿机制、开发秩序落实等困惑。我们认为，区域一体化利益与地域利益平衡应成为区域型政府的职责。县域经济发展类型有特色产业主导型、产业集群带动型、大企业带动型、大城市依托型、开放带动型、城乡协调发展型，关键在于如何建构和优化系统与结构关系，核心在于适应结构转型需要。技术关系到生产效率，技术创新与技术扩散节奏决定着产业转型与产能，过剩源自于生产与消费的脱节，源自于消费与积累关系或工资与资本的财富集聚不平衡。生产—消费相脱离的区域结构乃是地区结构恶化的根源。转型发展应回到经济循环的本位上，以改善民生需求、促进经济内需拉动，适应产业集聚发展，引导产业发展方向。工业化是社会结构变迁的过程，因而，不应阻挠结构变迁，工业的布局、体系、发展路径直接关系到区域发展、城镇体系、区域合作、城乡统筹。工业为社会化生产，需要产业链配套、资源配置优化，而支撑县域经济发展的产业体系，最大的问题是产业链短与缺。城镇是地域经济社会转型发展的载体，发挥功能集聚和辐射带动地域发展，因而，推进地域经济自我循环的结构构建，重要的是市县合作、城乡互动协调。县域经济活动范围超出行政划界，呈现出更大的区域一体化，形成特色的产业集群，依存于区域经济中心的大城市。地域经济发展关键在如何结构合理化，促成价值实现与效率实现。解决结构问题，需要构筑地域生活圈，作为人与自然和谐共处、城乡一体化发展的空间。构筑生活圈，连接城乡，促进圈域物质利用循环，形成良性互补互动。若突破县域范围的局限，推进广域的区域一体化，则结构问题的核心是，虚化行政区，构建合理利益分享机制，而不是简单的"扩权强县"。城市集聚效应强化了地域的中心性，吸纳圈内剩余劳动力，向农村辐射城市功能，避免人口大规模跨地域转移。对于乡村，人口过疏化引起资源闲置，增加治理或生活成本，使得生活设施无法更新，带来生产、生活上的安全问题。社会转型依赖城乡统筹、一体化，需要市县共同管理，营造福利共创体系，粮食主产区和基本生态区关键在如何构建基本生活与经济圈融合机制。

第八章

资源配置的矫正：引导劳动配置再平衡，优化中国经济社会转型

在新常态背景下，我国面临人力成本上升、产能过剩与内需不足，以及城乡差距、区域发展不平衡等问题。

发展不平衡和不充分是现时代中国经济的根本特征，结构失衡是中国经济社会发展问题的症结所在，主要反映在生产与消费、工业积累或资本积累与财富分配结构以及部门间和区域间的资源配置平衡上，问题主要是价值实现与效率实现相背离。

"五化同步"理念成为破解经济社会结构问题的关键，"四化"是发展的历史延续，也是结构重塑过程，绿色化是对转型路径的匡正，其格局是技术演进逻辑下的经济社会结构在地理空间上的反映。"四化同步"是解决诸多结构问题的一把钥匙，"四化"是我国社会转型的四个方面，生产与消费脱节是结构问题的症结所在。"四化同步"发展的逻辑基点是结构转型，核心在于价值实现与效率实现，关键在于如何构建城镇体系，适应经济内需化发展，培育城镇载体平台，发挥集聚功能作用，构筑城乡一体化的地域生活圈和经济圈。

重要的是改变经济发展模式与路径依赖，促进地域经济发展，强化经济运行中的价值实现与效率实现。在区域经济呈现极化与城市群化背景下，区域协调发展受行政分割和功能分区困扰，县域经济或欠发达地区"五化"同步非常关键，但其自身能力尤显不足，单以投资拉动难以为继。对于如何通过产业转移促进区域产业结构升级，相

关研究从自主创新、战略性新兴产业、产业集群,[①②③] 也有从发展县域经济、"三化同步"等方面探讨欠发达地区根本出路、跨越式发展的路径选择与突破口。[④⑤⑥] 创新发展与跨越式发展至关重要,然而最核心的是,如何突破或适应地域极化发展,实现个体层面的均衡发展,让基层劳动者、工薪阶层有更多获得感。因此,必须做足资源要素配置文章,达到均衡发展的效果。随着我国工业化、城镇化的快速发展,资源要素确实在加速向城镇与非农领域转移,但这并不是加剧城乡差距的直接原因。因而,要素配置不局限于强调推动资源要素向农村配置,即强调以发展农业而加大国家投入力度、农业科技推广,提高农村金融服务,或工业产品下乡,等等。

劳动配置平衡化过程引起劳动成本上涨以及整个物价体系的波动,学界更多关注于成本推动型通货膨胀,探讨工资与物价之间螺旋上涨"规律",或基于统计数据分析劳动价格与物价波动关系,如"实证"分析国际国内货币政策与我国物价水平关系[⑦]。从主要结论看,在于调控价格或成本控制以及成本转移对策,较少探究引起价格波动的结构转型关系,这成为本课题研究之对象。物价变动须放在结构转型背景下,正视劳动价值平衡,认识劳动价值平衡的物价效应及机理,分析劳动价值回归的关键动力与主要阻滞,由此,探讨应对劳动价值回归的路径与政策取向。

在社会化生产结构中,劳动必须要充分体现其社会价值,这种价

---

① 张纯、占永志等:《自主创新与欠发达地区经济社会发展的互动关系研究》,《特区经济》2006年第12期。
② 张超武、程业炳:《低碳经济下欠发达地区战略性新兴产业发展研究》,《贵州社会科学》2011年第5期。
③ 林高瑞:《我国欠发达地区的产业集群培育研究》,《特区经济》2011年第6期。
④ 黄万林:《欠发达地区县域经济超常规发展战略选择》,《江西社会科学》2011年第8期。
⑤ 赵润田:《欠发达地区城镇化与县域经济发展》,《理论学刊》2012年第11期。
⑥ 杨昌鹏:《基于"三化同步"的欠发达地区城镇化研究》,《江海学刊》2012年第2期。
⑦ 张屹山、张可等:《美国货币政策与中国物价水平关系的经验研究》,《财经问题研究》2015年第7期。

值的实现程度反映在劳动价格平衡化和劳资博弈两个方面。通过分析劳动配置平衡化引起的物价效应,发现劳动配置平衡化是传统产业与现代产业在技术逻辑下的价值平衡突破和资本逻辑下的价值平衡化过程,两部类生产平衡体现为劳动价值平衡趋向下的劳动配置平衡,因生产的技术效率非同步性,劳动配置平衡通过劳动价格上涨影响农业生产方式。因此,经济社会结构转型的关键时期,必须认清劳动配置平衡化的物价效应的实质,政策取向在于促进资源配置平衡与价值实现,社会结构变迁与经济转型相匹配。

一 价值体系调整中劳动配置平衡化的物价效应机理

(一) 成本视域下的通货价格论的再反思

资源的相对短缺与需求的拉动常引起的商品价格上涨。物价总体上涨与通货膨胀概念含混,物价上涨率或居民消费价格上升指数代表着通货膨胀率。从货币供给角度看,学界依据货币流通公式:商品价格总额/货币流通次数=流通中的货币总量,断定价格上涨的背后一定会有货币失衡方面的根源[1],把物价波动归因于货币供给过剩,以及货币供给对价格冲击滞后性解释,也有发现 M0、M1、M2 均对我国物价水平没有影响[2],在 CPI 波动中货币供给并非直接的驱动力,也并不能推定其存在因果性。货币供给是内生性的,并非由中央银行自行决定的,只是被动地根据经济发展所需要的货币量投放货币,货币供给量只是作为一种度量的量化结果。由此,学界提出,预期自我实现机制的解释,即物价的心理预期似乎成为消费者和投资者的市场行为导向,而经济波动中的流动性过剩则助推了通货膨胀预期,拉动价格上涨。从

---

[1] 李斌:《从流动性过剩(不足)到结构性通胀(通缩)》,《金融研究》2010 年第 4 期。

[2] 陈彦斌、唐诗磊等:《货币供应量能预测中国通货膨胀吗?》,《经济理论与经济管理》2009 年第 2 期。

市场供需角度看，价格受市场供需结构变化而波动，近年来，物价普遍性上涨，并与产能过剩平行发生，影响物价因素复杂，物价上涨因素主要有国际能源、矿石、粮价波动，输入性通胀传导致生活成本上升并引起工资上涨，在此过程中，可隐约感受到工资上涨的物价效应。市场结构的变化主要由于产品创新引起的需求结构改变和技术效率引起的价值非平衡扰动，引起价格调整需要，由此，要求劳动资源配置做相应的调整，若资源配置平衡受到约束，则阻碍价值调整的实现。宏观经济层面的"通货膨胀"，在微观经济层面均体现为成本上涨。劳动价格体现为企业的用工成本，反映为劳动供给状况，劳动配置平衡引起的物价效应是物价上涨的重要原因，当劳动资源配置趋向平衡，因部门间技术效率非同步性或技术非通融性，造成劳动资源低效率配置下的"短缺"的价格波动。世界经济处于由不同的技术效率决定的价值体系，因而在国际交往中的"国际价格"均由需求结构决定，这种"合理性"掩盖了价值扭曲的事实。从国内价格上升的结构看，食品价格上涨最显著（见图8-3），但在整体物价上涨背景下，具体物价上涨原因就显得更加多样和扑朔迷离，单就农产品而言，可给出涵盖货币供应量、供求关系、生产与流通成本、国际价格传导等原因。通胀反映整体物价上涨，物价上涨合理性在于价值回归，价值回归过程也将引起整个物价体系做适应性调整。

（二）价格螺旋上涨机理的"解读"的再认识

整体物价上涨常被视为通货膨胀，相关性分析认为，通货膨胀与经济增长呈正相关关系，高增长常伴高通胀率，解释为经济快速增长增加了社会总需求，即投资拉动引起物价大幅度上涨，而失业则与经济增长负相关，巨大就业压力要求经济必须保持高速增长，因而，经济学家推论认为，适度通胀应成为政策目标。凯恩斯道破通胀的"工资—物价螺旋上升"机理，其核心之一是"工资滞后假说"，即物价的上涨总是跑在工资增加的前面，工资调整存在一定的时滞；其二是"充分就业"理论假设，政府推行通货膨胀政策成为促进充分就业的一个重要目标和手段。通胀过程会使工资追赶物价水平上升，这种追赶实际上推动物价进一步上升。企业按预期通胀率预先提高产品销售价格，居民按预期通胀率争取更高的名义货币收入，政府以应付物价上涨带来的货币需求增发货币。从微观经济视角看，价格螺旋式上涨是资本与劳动博弈僵持的结果，并不能反映劳动配置非平衡格局下的状况。在工资追赶物价的螺旋上升中，各地区、部门、行业及阶层的工资提升呈现巨大差异。国内相关研究已认识到，劳动价格上涨具有一定的合理性，建议政府提高对价格上涨的容忍度[1]，不应一味打压食品、农产品等价格合理上涨[2]。也有将工资与物价螺旋波动解读为，主要源自城镇劳动工资与物价间的直接螺旋关系以及农民工工资与物价之间的间接螺旋关系，即农民工工资基本由市场力量左右，城镇劳动工资具有相当的行政性，根据农民工工资的变动情况来调整城镇劳动工资，以便保证城镇职工的生活水平和维持两类劳动间的工资结构[3]。其实，行政性调整工资一般针对市场失灵或局限于非市场领域，完全没必要构筑城乡工资结构。白暴力等（2014）以"绝对价格"和"相对价格"诠释物价上涨机理，依据"绝对价格"具有"向下刚性""相对价格"调整呈"向上看齐"的单向"棘轮效应"，解读价格总水平持续上涨。指出需求刚性的物价总水平效应，由需求价格弹性小的商品不断向上破坏合理的相对价格体系，引起价格总水平上涨；生产率变化的价值规律调节型物价上涨效应，是通过劳动生产率相对下降的商品价格上升来实现的[4]。该机理实质无非是价格体系中部分对整体的影响效应，无疑反映的是受控条件下的价格规律。这种"绝对价格""相对价格"的抽象，不能直接推理出"绝对价格"或

---

[1] 张群群、王振霞：《2013年中国物价形势分析与应对策略》，《宏观经济研究》2013年第1期。
[2] 潘石：《"工资—物价螺旋上升"之机理、效应及对策》，《学术月刊》2011年第12期。
[3] 丁守海：《工资与物价会螺旋波动吗？》，《统计研究》2010年第9期。
[4] 白暴力、白瑞雪：《物价总水平上涨系统模型的构建——以马克思理论为基础的因素与原因分析》，《中共中央党校学报》2014年第2期。

"棘轮效应"背后的市场结构本质与控制因素,提及的价值变化而未涉及劳动价格变动对物价的影响机理。工资—物价螺旋上涨机理解释了劳资间的博弈,反映了通货原理,但未能给劳动价值回归及其物价效应以充分而有力的解释。

(三) 劳动价格上涨的物价效应"有限"论的再辨析

物价波动原因的判断常直接推演出调控价格结论。近十年来,我国农村剩余劳动力数量持续下降,反映在三次产业就职变化上(如图8—1),工人工资持续上涨,在农业领域也出现"用工荒",这十年尽管货币供应量增加迅猛,但执行交易媒介职能的货币比重下降,单纯从货币总量的变化还不能找出 CPI 上涨的原因。显然,伴随农村剩余劳动力减少,农民工工资上涨,以及一些特定部门或领域存在工资上涨效应,但就劳动成本变动对物价总水平的影响来看,主要取决于劳动生产率是否同步提高,从相关数据分析可知,迄今劳动成本变动尚未主导物价水平波动[①]。从改革开放以来的时间区段看,物价水平的变动只有5倍多,各行业中工资增长最慢的农林牧渔业增长了35倍,工资增长最快的金融行业增长了115倍,劳动报酬增幅远高于居民消费价格涨幅。相关数据分析得出,劳动报酬每上升10%对工业消费品价格影响不超过1%、对服务业价格影响为2.2%、影响农产品价格上升3.4%、影响市场价格总体上涨2%,最低工资提高10%,对整体工资上涨的影响为0.4%—0.5%、对企业用人成本的影响为0.6%。通常成本压力促使企业改变生产要素投入比例和比重,特别是自然力(能量)的驱动,提高劳动生产率,生产力提高消化了劳动报酬上升带来的影响,因而,劳动报酬上涨对市场物价的上涨影响有限,最低工资上调的物价效益则主要取决于低工资层群体的结构,工资结构变动将受劳动配置平衡化中的劳资博弈。对于复杂社会结构的劳动价格对物

---

① 王雅龄、刘玉魏等:《劳动成本变动对物价总水平的影响——基于刘易斯拐点的纵深回顾》,《广东社会科学》2012年第6期。

价影响的相关数据分析，只是刨除直接关联的因素相对变动部分，即基于成本中占比的测算，因而较有力地解释了工资物价螺旋上涨现象，而在劳动价值回归中，是财富分配的劳动与资本的博弈，这种博弈过程，依据刘易斯理论，即工资水平持续上涨，直至传统部门劳动生产率与现代部门劳动生产率趋于一致，体现为充分市场竞争下，劳动价格等于劳动边际产出，工资在均衡点附近才能稳定下来。相对于工资报酬的上涨，物价上涨幅度尤显稳定，仅从静态结构的变量分析，其结论过于简单，物价受多重结构影响，部门间存在显著的效率非同步性，也无所谓效率一致，与其说是在国内传统的农业部门与现代部门生产效率趋于一致，不如说是劳动配置平衡条件下的工资平衡。

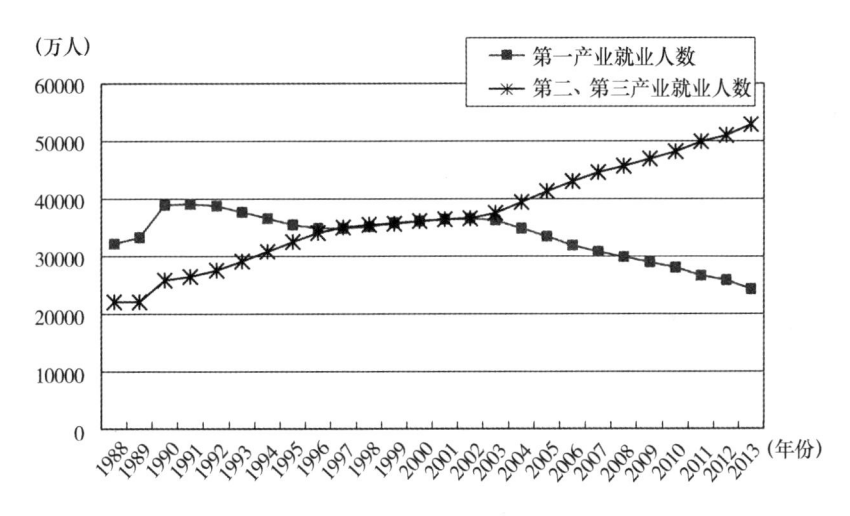

图 8-1 中国第一与第二、第三次产业的就业人数变化情况

从城乡居民收入层面看，2004 年开始收敛，自 2009 年后农民人均收入增幅超过城镇居民收入（见图 8-3），农村居民收入与 CPI 波动一致性强于城镇居民收入，在 CPI 构成中（见图 8-2），粮食、食品价格增速显著偏高，显然，农民收入得益于粮食价格上涨。在城镇化的社会结构转型进程中，因农村高收入层逐步转移到城镇，对农村居民收入均值构成一定影响，使得城乡差距改善不是特别明显，但农村

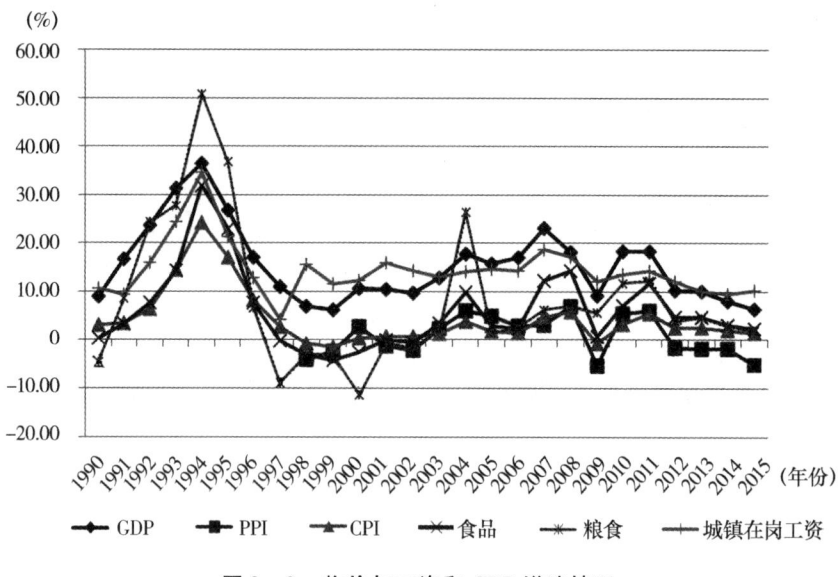

图 8-2 物价与工资和 GDP 增速情况

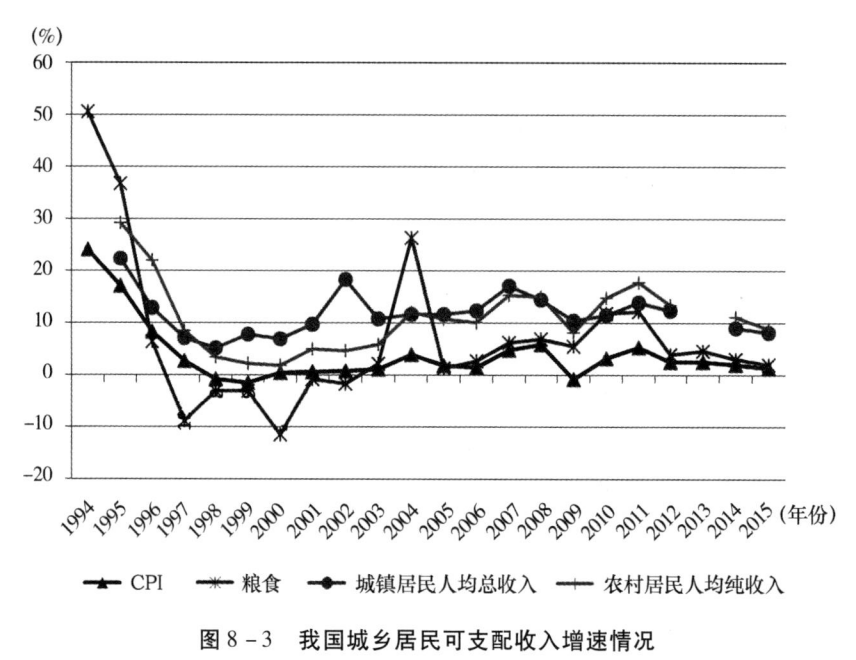

图 8-3 我国城乡居民可支配收入增速情况

注：城乡居民人均收入 2013 年后按居民可支配收入计算。

居民收入明显改善。当前,工资上调对物价上涨影响呈一定比率,实质上是劳动与资本博弈的结果,主要通过物价体系调整得以实现,面对劳动成本上涨,生产企业尽可能将劳动成本转移出去,若单纯看作通胀则忽视了劳动价值回归。

(四) 劳动价格对物价体系影响的实质分析

在物价上涨原因中,投资增长过快的拉动、流动性宽松、国际市场大宗商品价格传导等常被提及,这些便成为治理通胀的"着力点"。工资上涨引起有效需求的增加解释了工资因素导致价格总水平上涨的传导渠道[1],而社会再生产实现,Ⅰ(v+m) = Ⅱc 表明资本品与消费品的结构关系,工资若拉动物价上涨则反映在生产结构与消费结构方面,实证研究发现,目前对物价涨幅的影响似乎极为有限,"劳动力价格变动只是次要因素"[2],取决于工资增长速度与劳动生产率的步调,取决于竞争环境以及企业效益对利润收窄的承受力。技术效率改善常引起的价值体系波动,效率提高意味着单位产品的价值量的下降,而在部门内的局部效率提高,其物价通过社会价格体系过滤得以反映。

工资—物价螺旋上涨机理反映了技术效率引起价值波动与价值回归过程,不能明晰工资的物价效应情况。工资取决于劳动与资本的博弈,不直接构成生产效率的变量函数。劳动创造价值,对于生产企业而言,雇佣劳动意味着成本,在分工的生产体系中,其他成本均可视为间接的劳动成本,工资薪酬是劳动与资本博弈的结果,微观经济活动中,成本上涨的物价效应取决于技术效应,而在宏观层面上,实质为不同技术效应下价值体系的重塑过程。在工农业部门间劳动价格趋向平衡的过程中,价格调整通过劳动转移和粮食价格上调得以调节,

---

[1] 范志勇:《中国通货膨胀是工资成本推动型吗?——基于超额工资增长率的实证研究》,《经济研究》2008 年第 8 期。

[2] 张习宁:《成本视角下中国通货膨胀的成因与治理研究》,《金融发展研究》2011 年第 8 期。

在分散经营格局下，（A）农业经营收入＝产业工业的工资收入，（B）产业工人的工资收入＝农村请工工资。由此，在农业产业化过程中，因请工无利可图，生产趋向粗放化。在劳动力价值回归的物价调整过程中，将农产品涨价单纯地看作是通胀，则漠视了价值，若缺乏应对之策，农民家庭的收支只会名义增长。劳动价格平衡反映农村居民与城镇居民间收入差距的收敛，伴随劳动配置平衡化的劳动价值回归，是社会结构的变迁，一些高收入农民选择城镇化。

在价值回归过程中，劳动价格上涨表现为劳动的议价能力，并取决于企业能否将上涨的成本传导出去的能力，其物价效应取决于在新的均衡价格形成过程中，企业价格垄断实力、产品的替代性及需求弹性，整体上呈现非对称性物价上涨。劳动配置平衡化，首先是农民工资性收入趋近农业经营收入，由此，请工成为农业产业化瓶颈。农业劳动的价值回归引起劳动价格趋向平衡，在此过程中，是整个物价体系的调整波动，而将此波动视为"通货膨胀"，则引起涨价预期，即工资—物价螺旋上涨或平行上涨，导致价值回归调整不能有效落地。劳动配置平衡，在特定技术条件下，体现为劳动力资源"稀缺"，实质是低效率下劳动价值平衡，工农业部门技术效率非通融性，使得农业经营愈加趋向粗放，若特定产业部门过热则加剧资源配置倾斜，导致整体社会劳动价格趋升。技术效率决定价值体系，因世界各国存在由不同程度技术效率决定的价值体系，在国际比较中常将劳动生产率表述为单位劳动创造的价值，而在不同的价值体系中衡量，则存在严重的价值扭曲，不能真实反映效率问题。

二 劳动配置的再平衡主要阻滞与转型困惑

（一）劳动价值扭曲的内外环境与中国结构问题成因

我国工业化初期的资本积累意味着对消费的抑制，首先抑制消费品生产，而在全民所有制制度框架下，体现为当前消费与未来消费的关系，由此，形成资本品与消费品的结构，并决定劳动与资本间的地位，同时还促使工农产品间形成价格剪刀差。优先发展重工业的工业化追赶，削弱了轻工业的发展，直接影响到居民消费和民生改善。显然，当社会生产系统处于受控状态，工业生产效率提高创造的价值通过"工业积累"这一吸纳体系调节。在既定技术水平下，社会效率改善体现为发挥个体的劳动参与积极性，增加劳动强度。

在市场逐步开放的市场经济过程中，因内外不平衡技术效率和内部不平衡资源配置，形成不平衡的区域结构，因而，资本品与消费品结构实为资本与劳动对社会财富的分配结构，因而，维持低工资就是抑制居民消费，构成消费与积累或财富集聚的不对称。

全球化经济生态表现为全球化分工格局，即在内外不同技术效率下的价值体系中，要素进入世界生产体系，呈现生产地与消费地的分离，生产非满足本国居民消费，而是更广域的世界需求。廉价劳动意味着对消费的抑制，造成消费与积累或财富集聚的不对称。从系统结构层面看，持续劳动投入与产品输出，生产系统处于耗散结构状态，生产与消费的"平衡"建立在不同系统层面，造成生产效率与收入关联性弱。国内二元结构问题实质上是源自于价值实现与效率实现的部门间阻隔与不同步，即传统的农业部门与现代的工业部门的劳动资源配置平衡化问题，而在对外开放过程中，通过外需输出释放工业产能，打破了本地域市场结构趋向平衡的节奏和轨迹，在这种不平衡结构中，可有效维持稳定的低工资，工业因内需不足而依赖外需的产能扩张，甚至技术效率成本大于劳动成本。问题在于经济"有序"转型之受控开放，要素配置并不由市场决定。

广义工业化是社会结构转型过程，而狭义的工业化则追求低成本工业化，使得生产与消费、城与乡乃至区域间结构关联性弱化，未能有效推进农村居民城镇化。在此结构下，两部类生产的效率存在非传递性，其要素配置平衡是一种劳动价值平衡，劳动在两部类生产间的再平衡化，依赖工资收入和粮食价格两方面调整得以实现，劳动价格上涨传导至农产品和工业品价格。在国内—国外和工业—农业的两重结构中，存在两重劳动价值的扭曲，在劳动市场化配置过程中，因系统处于结构性受控状态，整体劳动价值回归依赖工农业劳动配置平衡，满足劳动与资本对社会财富分配博弈的条件，最终需依赖农村劳动收入改善，即依赖"三农"问题的解决。

（二）价值体系扭曲与劳动低效率配置的社会结构问题

结构失衡是中国经济社会发展问题的症结所在，反映在生产与消费、工业积累或资本积累与财富分配结构以及部门间和区域间的资源配置平衡上。发展重工业的积累时期，体现为未来消费的资本品生产的消费抑制，而在特定模式化的分配正义下，并不构成严重的社会价值扭曲，由于对消费类轻工业的抑制，影响城镇体系的发育，而在经济体制转轨时期，外向型生产处于受控结构状态下，产业资本通过低工资实现资本积累，财富集聚性质发生根本改变，体现为社会财富分配上的不均或不平衡，财富积累主体已不是代表全民所有制的国家。低薪酬劳动使得内需不足，产能过剩依赖外部需求，这种消费抑制影响社会结构转型及时跟进，即"四化"不同步。在生产领域，技术和资源获取环境背景构成不同的价值体系，而在不同环境约束下的系统之间"开放"，或空间约束下的经济一体化，往往局限于部分要素的流动上，尤显经济社会的系统结构受控，无法实现结构的优化和稳定。技术效率降低单位产品中的劳动价值量，亦就降低了劳动强度。在国内工业—农业结构上，若当工业生产效率不断改善，而农业生产效率改善较小，则意味着农业劳动强度相对上升，若劳动配置上未能做结构性调整，农产品价格不能体现劳动量，则构成农业劳动价值累积性扭曲，使得效率成本高于劳动成本。从劳动价值理论视角看，价值源自于劳动投入量指标，而两部类生产需求弹性差异较大，工业产品需求具有较高弹性，拓展空间性大。粮食需求满足后，继续投入不构成投入—收入的增函数关系，长期积压的"剩余劳动力"使得农业成为劳动密集型"产业"，处于低效率精耕细作，农产品价值扭曲，扩大农业生产已无利可图。劳动资源配置的结构性平衡的条件是同等劳动强度下的劳动价格或劳动收入平衡化，在农业分散经营格局下，平衡化过程依赖劳动工资上调和农产品价格上调，当下粮食上涨反映农业劳动价值的回归，价格形成机制缺乏竞争性的经营效率主导，技术或规模化经营等生产效率的改善只是扮演适应性调整角色，因用工成本高而趋向粗放规模化经营。

（三）劳动配置再平衡的忽视与转型的价值取向迷失

技术效率决定单位劳动产品的价值量，价值量源自于劳动投入量指标。而在以市场特定供需结构格局下，价值又取决于所谓"效用价值"，只有当技术平衡和劳动配置再平衡，价值才逐步滑向"劳动价值"端。劳动资源配置的结构性平衡是同等劳动强度下的劳动价格平衡化，在农业分散经营格局下，平衡化过程依赖劳动工资上调和农产品价格上调。这种反映农业劳动价值回归的粮食价格形成机制缺乏竞争性的经营效率主导，因用工成本高而趋向粗放规模化经营。价值实现体现在劳动回报上，反映社会分配是否公平，价值受技术效率扰动和资源获取能力制约，在工业化社会结构变迁过程中，生产系统的耗散结构和社会系统的受控状态是造成生产脱离民生、价格无关效率、价格无视价值等困惑与应对策略的茫然。

一是劳动价值回归途径无关生产效率改善。

劳动配置平衡是部门间劳动价格平衡，由此，引发农业劳动的价值平衡回归，在分散经营格局下粮食价格得到大幅上涨。这种价值回归的物价效应导致居民生活成本提高，并造成产业工人工资上涨压力。价值结构性平衡过程中的这种物价效应，整个物价体系无关效率改善，常被解读为"通货膨胀"或"工资—物价螺旋"，物价体系则尤显紊乱，经济活动主体依据期望收入或盈利目标，竞相实行"转移成本"的定价"策略"。

二是低效率劳动配置平衡不改善社会总福利。

劳动配置平衡体现在农民经营性收入与产业工人工资收入的平衡化。在现行的农业经营体制下，农业生产呈现：（A）农民经营收入＝劳动工资收入，因产业化经营意在：（B）经营收益＝劳动成本+投资盈利（为简单起见，略去其他成本），若 A 成立，则 B 的投资性盈利为零，且当劳动为雇工，则产业化无利可图，显然这种平衡不足以激发经营活力，若 B 成立，则在分散经营下，助推农民工资上涨要求，加大集约化生产的农民退出难度，而农民"退出机制"无非是增加土地使用成本。劳动配置结构性平衡，使得农业在当前体制下经营走向粗放，还成为社会工资潜在上涨动因。

三是劳动配置平衡化引发对价值标准的困惑。

价值体现为无差别的人类劳动，价值认定取决于资源获取能力和利用能力，技术是造成价值波动的关键因素，价值波动自然要求资源配置做适应性调整，资源配置不平衡则导致价值扭曲，使得勤劳不能致富。微观经济中经济主体依据收益"锁定"主导价格行为，试图"转移成本"，沿袭不依赖技术效率改善的财富集聚方式，引起价格体系混乱。财富集聚削弱消费实现，价格扭曲引起市场扭曲，造成经济结构扭曲。在劳动配置平衡引起物价效应部分呈现为企业成本，资本试图通过成本转移，则引致普遍性物价上涨迹象，成本上升造成资源升值错觉。农业以粗放经营应对，资本延续成本+预期利润的定价机制，整个物价体系的波动受制于资源低效率配置，而部分行业过热下的劳动配置平衡则更加推高用工价格。

四是应对价格上涨的政策处境困局。

技术效应下的价值体系变动，需要劳动配置做适应性调整，即劳动配置再平衡。因结构性问题阻碍资源配置，加剧经济扭曲和社会结构扭曲，资本借助通胀确保资产增值，转嫁风险，并营造扭曲的繁荣，由此造成价值标准无所适从，影响到生产者的情绪，也影响到传统社会福利生产行业。在无所适从的情况下，难免导致政策层面的挤除泡沫和制造泡沫的摇摆。有效需求来自劳动价格，劳动价格不局限于对物价的影响，还影响生活乃至社会结构的多方面，成为破解经济结构问题的关键。劳动价格具有一定的敏感性，直面劳动价格上涨显得束手无策。

三 价值实现导向下劳动配置平衡
与结构转型取向

(一) 寻求劳动价值实现的基本市场平衡

劳动创造价值，特定技术条件下的社会财富取决于劳动投入量。技术效率则决定单位劳动产品的价值量，部门内部的技术效率成为资本获取差价的手段，最终通过市场行为达到价值均衡。在社会化生产分工体系中，部门间的生产效率非同步性，由供需结构决定部门间劳动报酬差异，通过部门间劳动再配置，实现农业劳动成本向制造业工资水平靠拢。因而，在结构重塑过程中，社会底层的农民收入或劳动价格是"方向标"。由此，工业—农业间的劳动配置平衡构成劳动与资本对社会财富分配博弈的重要条件。

居民收入主要来自工资收入或经营收入，二者因可选择而趋向一致，资本主导的集约型生产具有效率优势，但其财富分配涉及资本所有者、经营者、劳动者等。自雇佣的个体经营则是资本与劳动博弈的平衡调节器。在社会分工进程中，非农生产逐步从小农经济中剥离，集聚并趋向专业化形成城市经济，而农村因土地可容纳劳动力的弹性较大，在长时间跨度中，人口的再生产造成对转移的填补，从而不能同步实现农业高度专业化，因而城镇化效应较弱。经济部门分割的二元社会结构，伴随地方分权化和地域开发利益属地化，发展基础和区位差异成为产业集聚力的先决条件，由此，区域经济呈现极化现象，地域经济在分化中趋向功能特区化和特定功能区趋向行政区化。因此，劳动配置平衡是打破不对等劳资博弈结构的关键，劳动价格平衡的实现条件在于要素充分流动，影响要素流动的根本结构有生产与消费的结构、工业与农业劳动配置平衡，该平衡体现为特定技术背景下的社会结构转型，即城镇化。在于宏观层面，首先，是工业化对农村剩余劳动吸纳的劳动再配置结构；其次，是农民收入趋近产业工人收入的价值平衡，城乡劳动价格均衡化；最后，是劳动—资本对社会财富分配博弈结构。在经济体系中，非平衡状态下主要瓶颈在低收入层面，即农业劳动价值回归，当劳动配置趋近平衡，即劳动价格平衡，因社会用工成本增加，农业在分散经营格局下，将加速通过粗放经营回应成本上升。

（二）把握价值实现与效率实现统合的结构转型

经济社会结构失衡的问题核心是经济运行中的价值实现与效率实现的脱节。城乡结构为经济部门分割的二元结构，农村剩余劳动力的积压，造成农业低效率投入，成为经济部门间价值不平衡，也会制约产业工人的供给。全球化生产使得生产与地域经济圈的关联性不大，生产系统呈耗散性结构，而要素配置仍处于受控状态下的结构平衡，国内在要素市场配置下地域区位格局固化，引起区域发展不平衡或极化，即区域结构失衡。劳动配置平衡是劳动价格平衡条件，成为解构外向型经济结构和区域结构的自然逻辑。劳动配置平衡引起的价值回归使得农业因劳动成本趋升而趋向规模粗放经营；在异质生产技术和组织方式下，工农业因技术效率非同步性，劳动配置平衡依赖降低劳动投入，通过供需结构获得价值平衡。

价值实现未必带来社会福利的增加，效率至关重要，生产效率体现为生产中的集约化和技术能力，在既定技术水平下，社会效率主要体现为劳动投入积极性或强度，这种强度依赖特定分配制度。在农业方面，忽视价值平衡，存在组织化低效率与个体化低效率的问题，当价值不能很好体现，效率也就难以改善，以及效率成本大于劳动成本。固化的结构引起累积性价值扭曲，成为抑制生产效率提高的原因，转移农村劳动力成为农业现代化的条件，重要的是通过组织化生产效益大于分散经营效率。优先发展重工业的积累，表现为国家资本的社会财富集聚，工业生产效率与劳动直接收入提升关联性弱。经济运行的基础是生产与消费的结构平衡，外向型经济结构下的结构平衡只局限于不同价值体系下的贸易平衡，国内及其区域生产追求的只是利益平衡，国内固化的社会结构使得要素配置上缺乏流动性，农村剩余劳动积压，造成农业劳动价值的累积性扭曲。

价值为凝结产品中的有效劳动量，价值扭曲问题出在生产与消费的关联性上，结构问题使得社会生产造成绝对的路径依赖。农业部门容纳劳动力合理限度应基于价值视角的劳动资源配置平衡的需要。劳动配置平衡点是务工收入与农业经营收入趋近，越过平衡点则农业生产趋向粗放经营，粮价上涨。农业劳动价值的回归有益于农民增收，但不依赖生产效率提高的涨价机制则引起与货币政策无关的整个社会物价体系螺旋上涨。在既定技术条件下，劳动配置平衡也体现为城镇化的平衡点，持续城镇化代价是高粮价，因此，就需要及时推进农业现代化，提高农业生产效率。换言之，城镇化有助于推进农业生产组织方式创新，化解低效率的劳动结构平衡。农业现代化以企业为主体的农业产业化经营，将农民嵌合在产业化链条上。劳动配置平衡是资本与劳动博弈的条件，而生产组织方式或技术效率是打破劳动结构平衡的博弈格局手段。在农村—城市—国际的劳动价格的梯度中，市场配置资源是平衡化实现的基本条件。

（三）驾驭技术变迁节奏平缓经济周期波

在市场经济背景下，资本逐利促使社会趋向均质化，而技术创新不断打破这种平衡趋势，从而拓宽资本获利空间，并推进社会发展。发挥第一生产力作用的科技，通过技术革新和技术扩散两条路径改变经济运行方式，引发由技术中心地向扩散地的空间波动。技术创新中心地主导着世界经济发展动向，通过技术创新成果应用引领全球消费转型，并以关键部件主宰市场，外围地区的追赶发展通过引进或承接转移的传统产业，推进传统产业梯度空间转移。劳动配置平衡化促使劳动价格均衡化，资本逐利使得社会利润均衡化，而技术创新引起的效率改变则破坏着这种平衡态势。在资本主导下，一方面技术创新创出新需求，通过市场非平衡获得"高附加值"；另一方面，技术效率降低了单位产品价值量，获得高出社会平均的收益。技术创新与技术扩散的过程体现为技术生命周期和产品生命周期，呈现技术经济的雁阵波动发展。技术创新成果应用以一种专利方式存在，企业出于快速占领市场的竞争需要以及风险最小化和盈利最大化考虑，或将技术使用权让渡出去，形成中心与外围的关系。在没有新技术创造新需求的情况下，一般性技术改进和扩散则带来迅速的需求饱和或产能过剩，由此造成产业梯度转移受阻。技术创新没有确定的速度，常造成经济的不确定性风险，发达国家追求着去工业化，发展中国家在工业化追赶中，承接发达国家的传统产业转移，产业集聚往往背负转型压力和风险，从而进入追赶发展的陷阱。若未来一段时间技术创新没有进展，则世界经济仍将低速增长，出口扩张成为不可能。第三次工业革命以信息技术、新能源为主导，或将以分布式生产颠倒以往的生产和生活方式，为地方经济的振兴提供重要机遇。技术逻辑是一种技术垄断性质的价格竞争，在结构框架下技术效率则是价值体系形成的关键。因此，突破价值体系的束缚至关重要，必须加快关键领域的创新，以产品和技术周期有效交叠，熨平或过渡经济周期性大波动冲击。

四 引导经济转型与社会结构转型相匹配的实践路径

　　经济系统的健康运行在于生产与消费的结构平衡，消费需求是经济发展的内生动力，而需求源于劳动收入，显然，劳动价格反映了生产与消费、资本与劳动关系，是破解结构问题的关键。技术创新节奏引起的经济结构转型的地域性不平衡，成为价值失衡的直接原因，需要要素配置再平衡。而在劳动平衡配置过程中，既定社会结构成为阻滞价值实现的藩篱，表现为工业化、信息化、城镇化、农业现代化的"四化"不同步，即经济转型与社会结构转型的不协调。生态文明视域下的主体功能区构建是对结构转型的约束，价值实现与效率实现的路径须从区域视角将地域利益整合到广域的经济社会的系统结构中。"四化"同步是解决诸多结构问题的关键，而生产与消费脱节是结构问题的症结所在。问题核心在于价值实现与效率实现，突破口在于构建城镇体系，适应经济内需化（经济新常态下扩大内需）发展，构筑城乡一体化的地域生活圈和经济圈。因此，成为我们的工作重心所在。

一是适应经济发展向内需型转变，优化经济生态，推进工业化和服务化创造社会福利。把解决贫困问题作为经济内生动力，把贫困人口纳入工业生产的经济系统中，创造就业机会，创造财富和分享福利，同时，推进服务经济发展，让休闲、娱乐和服务均创造价值，改善各类民生需求。

二是通过选择性集中，着重强调生产—消费循环的地域生活圈培育与经济圈构筑，把城镇作为社会转型的载体。当前，工业产能过剩，劳动成本趋升，成为"四化"推进的理论和实践瓶颈。市场化和全球化使得传统的地域经济圈和生活圈已支离破碎，区域间呈现明显极化现象，但地域经济健康发展的基础在于构筑生产—消费循环的地域生活圈及经济圈，这是解决区域差距和城乡差距问题的关键，是内需经济发展的需要，也是保存地域文化的需要。

三是推进市—县协调、城乡一体化，注重劳动配置再平衡，不局限于行政区层面而论城镇化率与工业化率。重构区域结构，破解县域经济在产业分化、功能特区化、开发利益属地化进程中走向分化，以及在市县竞争格局下结构问题不断加深。地域经济活动范围逐步放大、趋向专业化、集聚化，县域经济逐步成为区域经济的子系统。因此，行政体制改革不宜将市—县割裂，而在于如何将市—县统合，在于将市—县、城乡一体化，适应生态约束的主体功能区构建需要，强化市县行政主体的责任，共同构建区域性现代产业体系和城镇体系。

四是把推进信息化作为第一要务来抓，作为产业发展的导向，还须把信息化作为市场经济和社会管理的高效化的社会发展基础。科技是工业不断转型升级的核心动力，信息化是当今科技应用的时代表征。适应科技应用的信息化，推进产业转型升级，提高生产效率，创造新需求，促进智慧城市建设，进而促进生产与消费更加有效衔接。

同时,"互联网+"正在造就地方经济时代,让具有资源特色乡村快速融入大市场经济。

五是提高中心城镇集聚力,推进三产融合,有序推进农业生产组织化。农业现代化是社会结构的变迁过程,不刻意从技术或经营组织层面推进"农业现代化",应满足区域层面(市—县)一体化的市场资源配置,促进居民层面的劳动价值实现和经济效益实现作为前提条件,避免农民勤劳而不致富。适应劳动配置再平衡引发的区域、城乡劳动价格趋向平衡,避免农业劳动低效率配置的不利影响,我们的工作思路应该是适度推进农业组织化生产,而不是全面推进,通过组织化生产效益大于个体经营方式的收益,促进农民自主加入组织化生产,完善农业服务体系,共同推进农业现代化,延长产业链条。

第九章

农民问题的纠结：区域经济发展与农民问题解决的困境

国家历来高度重视粮食安全，农民问题历来是政治问题，因而在我国农民有过被彻底工具化，成为种种政治与社会运动的对象，至今农民问题也是个敏感问题，在经济建设中，为比较妥善地解决农民问题，必须要探索实施新经济政策。农民问题涉及农业和农村问题，即所谓的"三农"问题，"三农"问题解决是近年反复强调的大事。而"三农"问题的解决，出路在于工业化、城镇化和农业现代化，核心问题是发展的方式方法。

中国农业进入新的转型期，农业生产成本上升，传统农业生产衰落，空心村大量涌现，"耕地谁来种""农业靠谁兴"等问题是当前被认为亟须解决的重大问题。农业经营主体分化、农业生产非粮化、农业副业化对农业产出影响，农业收益下降，面临耕地质量恶化、粮食安全保障与国家粮补效率低等挑战。相关农民问题的研究，有从国家安全探讨粮食安全，基于农民是实现粮食安全的经济主体，"谁来种粮"和"如何种粮"问题的核心是农民问题，农民问题是影响粮食安全战略的根本问题。学界指出，农业劳动者的利益保护是农村工作的核心[①]，把粮食安全视为农业现代化发展的终极

[①] 周批改、何柳：《农业劳动者利益保护与惠农政策完善研究》，《社会主义研究》2012年第5期。

目标①，乃至要用工业化思维来抓农业，依靠科技、规模经营、农业企业②。是不是要强调城市工商资本进入农业的"挤出效应"，"代替"农民发展现代农业。

通常因为粮食供给结构问题，把引发农民弃耕问题看作是粮食安全的根本问题，由于过度的关心粮食安全，进而把农民束缚在土地上，便加重城乡二元化的困境。农民问题首先要在制度安排上突破。随着工业化、城市化进程的加快，中国的失地农民问题，在农民问题中日益显现。因而，相关农民问题研究更多关注城镇化进程中，由于土地征用制度存在缺陷，加上二元结构制约失地农民市民化，引起的失地农民问题，从某一侧面反映工业化的发展是以牺牲农业、农村和农民利益为代价的，有失社会公平和正义。

普遍认为，"三农"问题解决的关键是农民增收，那么农民增收存在着哪些困境。探讨农业发展与农民增收方面，发现农业产业链出现了农产品价格难以传导到上游或下游的现象③。有重视价格对农业增收的积极作用，强调通过允许农产品市场价格上涨和增加补贴④。强调提高耕地产出率、资源利用率和劳动生产率⑤⑥，强化农业生产中资本、土地和劳动三者有机整合，农业技术合理配置与劳动力的有机结合是促进农业增长的决定因素。⑦

农民问题的核心是农民增收，但并不是微观经济层面的农业经营主体的生产力问题，实质是宏观层面的资源配置的结构问题。我们需

---

① 张正斌、徐萍等：《粮食安全应成为中国农业现代化发展的终极目标》，《中国生态农业学报》2015年第10期。
② 白文周、吴义周：《中国特色农业现代化道路的内涵及实现途径》，《经济问题探索》2008年第5期。
③ 张利库、张喜才：《我国农业产业链中价格波动的传导与调控机制研究》，《经济理论与经济管理》2011年第1期。
④ 马晓河：《中国农业收益与生产成本变动的结构分析》，《中国农村经济》2011年第5期。
⑤ 鲁可荣、朱启臻：《对农业性质和功能的重新认识》，《华南农业大学学报》（社会科学版）2011年第1期。
⑥ 陈锡文：《中国特色农业现代化的几个主要问题》，《改革》2012年第10期。
⑦ 卫思祺：《现代农业发展的要素整合与政策选择》，《中州学刊》2012年第3期。

要正视农民兼业化经营,这是资源配置的有效方式,也是城镇化进程中的有效代际过渡方式。需要从区域经济视角研究区域消费结构断裂对区域产业结构升级和梯度转移影响等;探讨都市圈内的城乡一体化实现机理、小城镇功能;指出关键在于实施均衡城镇化战略,发挥县城和中小城市的集聚效应,引导人口适当集中;分析城市群产业分工、协同发展的内在机制。在农业方面,也需要突出其生态性和多功能性,突出城乡融合发展、三产业融合,延伸农业产业链和提升价值链,提供更多就业机会和收入来源。

本章从劳动价值与要素流动关系、农业产业化与农业主体关系以及劳动转移与国家战略关系等各个层面的矛盾问题做逐步深入的探讨,揭示农村问题本质,从多中心治理和多中心发展为农民问题解决提供新的思路。

表9-1　　　城镇化率、农村人口与就业结构情况　　　单位:%

指标＼年份	2016	2015	2014	2013	2011	2009	2007	2005	2003	2001	2000	1997
第一产业就业比重	27.7	28.3	29.5	31.4	34.8	38.1	40.8	44.8	49.1	50.0	50.0	49.9
乡村就业比重	46.6	47.8	49.1	50.3	53.0	56.1	58.9	62.0	64.4	66.9	67.9	70.2
常住人口城镇化率	57.4	56.1	54.8	53.7	51.3	48.3	45.9	43.0	40.5	37.7	36.2	31.9
户籍人口城镇化率	41.2											29.9

数据来源:国家统计信息网。

表9-2　　　　城乡居民人均可支配收入比较　　　　单位:元,%

指标＼年份	2016	2015	2014	2013	2012	2011	2010	2000	1990
城镇居民人均可支配收入	33616	31195	28844	26467	24565	21810	19109	6280	1510
同比增长	7.8	8.2	9						

续表

年份 指标	2016	2015	2014	2013	2012	2011	2010	2000	1990
农村居民人均可支配收入	12363	11422	10489	9429.6	7917	6977	5919	2253	686
同比增长	8.2	8.9	11.2						
城乡对比（倍）	2.7	2.7	2.6	2.8	3.1	3.1	3.2	2.8	2.2

数据来源：2017年和2013年中国统计年鉴。

注：2012年之前为农村居民人均纯收入。

一 粮食安全与劳动价值困境

（一）劳动资源不能有效配置导致勤劳不能致富

需求能推动经济发展，贫困或落后成为潜在的市场需求，贫困者的需求无法靠激发转为现实需求。贫困原因是多样的，最主要的是经济运行方式存在问题，不能通过有效途径互通有无。不能互通有无有两种情况：一是想要通过自己的劳动致富而没有劳动机会；二是通过自己的勤劳劳动却不能致富。显然没有证据表明这两者是源于自然资源的匮乏。从理论上讲，只要有合理的制度建构必定可以解决贫困问题。过上好日子，人所欲之。为摆脱贫困付诸努力，却往往出现勤劳并不能致富的局面。

人最基本的问题是生存的温饱，农业主要解决的是人类生存的粮食问题。人口在一定的情况下，粮食需求（摄取）总量弹性不大，在满足粮食自给的情况下，随着生活质量要求的提高，通常也会导致粮食消费结构的变化。如粮食消费结构变化导致主粮大米、面粉需求减少，蔬菜、肉类等需求增加。我们知道：

A：粮食需求总量＝农业人口消费量＋非农业人口消费量

B：粮食市场化程度＝非农业人口消费量/（粮食需求总量－农业人口消费量）

C：粮食供给量＝国内产量－农民自留量±库存的变动量＋进口量－出口量

第九章　农民问题的纠结：区域经济发展与农民问题解决的困境

国家政策历来强调稳定，担心粮食短缺，坚持保障粮食基本自给的方针，促进粮食生产。为确保粮食充分自给，曾有过强制性耕种，农民不得抛荒土地。往往粮食过剩会导致粮价下跌，尤其是在工农二分的经济环境中，农民只能拿粮食换取其他生活必需品。虽然农业偶有增产，即使丰收年份，收入不曾增加，勤劳而并不致富。工农二分经济时期，绝大部分劳动也只能投入精耕细作的农业生产中，基本脱离不了土地，土地过度使用，肥力大幅下降，只能提高成本投入，借助化学肥料。

目前我国粮食自给率在 95% 以上①，基本粮食缺口通过少量进口弥补。粮食密切关系到日常生活，而且供给弹性较小，价格的市场灵敏度较大，即粮食生产很小的波动，会导致粮食价格的大幅波动。粮食过剩或不足，产生剧烈波动，近年发生的部分食品结构性短缺已经暴露。也就说，满足了社会粮食需求，再试图通过扩大粮食生产来实现农民致富，这显然是行不通的。

日本战后通过农地改革产生大量自作农，根据粮食管理法大米由政府全部以固定价格买下，由此保证农户生活安全，促进农民生产积极性提高。另外由于肥料的投入、农业机械的使用等生产技术的提高，导致产量大幅度提升。同时国民饮食欧化，粮食消费结构发生变化，导致大米消费减少，导致大米库存过剩。由此政府采取抑制大米生产，要求削减大米农户种植面积，即所谓"减反政策"，维持粮价。虽然整体上的自给率较低，"日本1960年粮食自给率为79%，2008年减少到41%"②。

表9-3　　　　　　　　　日本的大米自给率　　　　　　　单位：%

年份	1965	1975	1985	1995	2000	2002	2004	2006	2008
大米	95	110	107	104	95	96	95	94	95
其中食用					100	100	100	100	100

资料来源：日本农林水产省的「农林水产统计」(2008)。

---

① 《我国粮食自给率保持在95%以上》，《新华网》http://news.xinhuanet.com/fortune/2010-08/26/c_13464490.htm。
② 澤田大吾：《食料自給率から読み取る日本農業》，《広島商船高等専門学校紀要》，2010年第32号。

若总需求结构和需求量大致不变，粮食维持供需的平衡，则粮价保持不变，农业总收入会不变。打破工农二分法，通过劳动转移，配合适当的技术和简化耕作方式、修正错误的耕作方式，因为进入劳动密集的精耕细作后产出提升非常有限，维持总产量，则劳动增收。

（二）土地劳动容量不能消解过剩劳动

控制产量与需求的平衡，从而稳定价格，由此得出的结论并非如刘易斯所分析的二元经济条件下，农业收入保持不变的论断前提。传统乡村社会的主要生产可分为两部分，一是粮食生产解决吃饭问题；二是如自己纺纱织布制衣、修缮工具房屋等，满足生活需求。社会分工陆续将第二部分剥离出来并市场化。如果我们把二元经济的农村部分抽离出来看，那农村问题就是如何提高第二部分需求生产的效率，以提高生活质量，而现实生产力水平是不存在问题的。发展经济学倾向于把农业作静态化背景，研究现代产业（第二、第三产业）的发展环境，刘易斯拐点基于的"剩余劳动"概念掩盖了劳动价值，是把潜在的生产能力抽离出来。农业生产活动对于容纳劳动力来说，是一个富有弹性的部门。"农村不再像许多学者所想象的那样，仍然存在着大量的剩余劳动力，有着严峻的就业不足问题。"[①] 当然，农业劳动剩余与否，不能以土地投入劳动的容量来界定，而是基于产业平衡和劳动配置平衡来判定。劳动收入增加必然带来其他的生活需求的增长，从而能带动整个其他产业的发展，同时提高了农村人生活质量。农业劳动价格的提升，必然使转移劳动对城市劳动收入有新的预期。由此导致工业劳动价格上升。当前部分表现为一种所谓的"民工荒"。

> D：农业劳动收入 = 粮食总产量 × 粮食价格
> E：农业劳动收入 = 农业劳动总量（人数 × 工作时间）× 劳动力价格
> F：劳动力价格 = 总劳动收入 / 农民总劳动
> G：农民收入来源 = 农产收入 + 兼业收入（以及国家财政补贴）

[①] 蔡昉：《破解农村剩余劳动力之谜》，《中国人口科学》2007年第2期。

粮食供需保持在理想的平衡状态，则粮食价格能够维持稳定，劳动转移稀释农业劳动投入总量，加上兼职收入，则农业人均收入提升，同时劳动转移不仅可以解决农村贫困问题，而且还创造出更多的社会福利，为经济社会发展提供需求动力。由 B 等式可知，通过劳动转移，则粮食市场化程度将得到加深，由此不再是应对份额较小的非农群体的需求，而非农群体的壮大也给农业生产带来更多的灵活性。由此解决了一个重要历史经验问题，即增产不增收。因专职小农收入来源于自己的粮食剩余，欲获得其他需求，须以粮食交换。而在整体粮食需求满足的情况下，迫于其他需求的解决，多产粮只能贱卖粮。农业人均收入的提升，导致劳动价格相对提高。农业劳动转移有利于技术采用，使规模化经营成为可能，持续的劳动转移则在一定程度上推动技术采用。

按马克思的劳动价值论来看，在一个开放系统环境（限定在国家范围内）中，可再生劳动产品的价值应该以劳动价值来衡量，各要素若能保持充分流动性，在技术不变的前提下——因为技术总是打破了原有的价值系统的平衡，并使劳动价值失去比较的参照系（这种破坏也只是暂时的）——则劳动价格应该走向趋同。

以资本为中心的价值取向，因资本逐利本性，最终社会利润走向平均化。早期资本主义总是对资本有意无意地片面理解，忽视人的价值。以现代的眼光看，人理应是资源，应视为资本，参与和其他资本（或要素）的同等分配。这样资本赢利和劳动价值论之间的矛盾就有所缓解，将劳动价值置于一个适当的地位。这也正体现在现代西方国家通过工会参与的，就工资等的集体谈判中。

（三）传统地域分工剥离割掉共享发展基础

试讨论农业劳动。传统农村很多需求都是以农产品交换现代生活的必需品，由于以往的乡村生活赖以依存的小循环系统内部平衡受现代城市工业的冲击已被破坏，而且社会主义市场经济也明确要求打破地方市场分割，即市场趋向一体化，由此乡村进入了一个大的系统环境。而在一体化市场经济环境下,若控制农村劳动流动和转移,本身就违背市场的原则,必将导致交换价格的扭曲,构成一种工业对农业剥夺。所以,应该尊重劳动,让劳动合理流动。以此带动技术流入农村简化劳动和共享经济社会发展的成果,提升生活质量。经济发展本质上,应该带给人更多的是社会福利和生活质量的提高,生活质量的提高要求缩短工作的时间,有相应的时间处理其他事务,一改整日忙忙碌碌。

由此可以得出这样的结论:一是处理好粮食自给率与粮食价格,若保持粮食相对剩余,维持劳动价格的平衡,可建立一个合理的粮食储备系统,并建立劳动补偿机制;二是在市场经济环境背景下,确保劳动流通,消除阻碍劳动转移的制度性障碍;三是尊重劳动价值,维持粮食总需求与总供给的相对平衡,避免产出的过剩。在粮食明显过剩或结构性的过剩时,抑制性生产政策亦可参考。

有人从脱贫的角度提到,农民增收新思路——"梯次移民"[①],如浙江武义县的由当地政府组织的"下山脱贫"工作就取得了显著的效果。安徽省太湖县以移民开发作为库区、深山区农民脱贫的突破口,实行"山上移山下、山下移路边、路边移集镇、集镇移县城"的梯次移民开发路子,帮助库区、深山区人迁移致富。国家从生态环境和增收长效机制的角度推行了"退耕还林"政策。若从粮食供求过剩或结构性过剩的视角,亦可活用类似政策。

二 农业产业化与劳动转移困境

(一)农业产业化选择否定农民主体

学术界观点多赞同调整农业结构、发展农业产业化经营和增加对农投资(包括科技)。如有学者认为,增强农民应对市场风险的能力

---

① 骆鹏、葛深渭:《探索农民增收途径的新思路》,《改革与战略》2004年第12期。

第九章　农民问题的纠结：区域经济发展与农民问题解决的困境

和农业产业核心竞争力①；从微观角度提出农民增收途径的学者认为，推进产业结构的优化升级的思路是调整农业内部结构，发展优质高效农业；发展农业的区域化和专业化、"定单农业"生产模式；等等②。也有人认为用合作化生产来增强抗风险能力。

农业经济发展主体是谁，又是谁推动农业发展？农民从事第一线的农业生产，农民虽知道一些基本的农业生产方法，而他们能否代表农业生产力发展的方向？显然不能。农业企业家必将是现代农业生产力的人格化代表。虽然多数学者认为，新农村建设的主体是农民，但引导农业有序发展不一定就是传统意义上的农民自身。就像引导工业有序发展的不能说就是工人。传统的农民（小农）无法代表科学技术，若要代表现代生产力的话必定要超脱传统意义上的农民，成为现代农业企业家，否则只能维持着二元经济模式下的农业现状。传统意义上的个体农民（或家庭）不可能既懂科技又知道准确的市场信息，还得忙碌于生产，另外还须有大量的货币资金。

锁定城乡经济一体化时代背景，引导农业发展有序的核心力量是经济实体——企业（不排除壮大了的农民实业家），使农业生产得以进一步分工和重组，产业链得以进一步延伸，伴随配套政策和制度的出台，使农业劳动力结构得到分化；淡化农民身份观念，只有农业和工业的产业区分，而无农民与工人本质的区别；社会主义市场制度建设更完善、透明，社会生产和社会生活围绕市场需求运转。企业化经营农业是发达国家走过的道路，本不是什么新话题。在城乡一体化背景下，农民问题解决即是如何将农民嵌合在现代生产链的环节上，如"公司＋基地＋农户"等都不失为一种好的生产组合。

---

① 杨向飞、翟彬：《对我国农民增收问题的现状分析及政策建议》，《经济问题》2010年第11期。
② 谷素华：《我国农业发展现状及农民增收的有效途径》，《商业时代》2007年第12期。

(二) 产业资本效率追求对劳动的否定

先进技术可能带来高收益，事实并非总是如此。从微观个体角度讲，采用技术（包括产业化经营）可节约劳动，从而获益更多，而从一个行业系统的角度看，最多是分配不均衡，造成行业内收入分化。另外，困扰农业产业化的问题很多，主要有：(1) 采用技术并非零成本的，尤其机械化、智能化生产。长期以来，农产品生产相对过剩，出现滞销问题，得以低价出售的情况下，高科技只会额外增加农民的生产成本。(2) 农业人口过剩，并没有及时引导走城镇化道路，只要劳动没被转移也只能在土地上进行精耕细作，维持生计。(3) 家庭联产承包责任制带来的土地分散通过什么方式规模化。无论从道义上，还是从土地所有制性质上，也都不容许"羊吃人"的悲剧重演。

农业产业化是伴随城市化发展而推进的，正是如上节所论述的，劳动转移后为推进技术采用和规模经营提供可能，不能本末倒置。在劳动没有有效转移前，推进产业化，从微观个体（企业）角度看，效果显著，增强了行业内部的竞争和拉大财富分配差异。因此，问题并不是是否要实现产业化，而是结构性问题，产业化是应结构性变化而后生的。如前节所述，总需求有限，问题不是要多产，而以什么方式满足农民需求的问题，解决贫困问题。若企业化生产，则企业主体是谁（许多案例表明，这类经营主体并非农民），农民在企业中处于何位置，能否民主参与企业管理和分配。若不能很好解决这个问题，则无所谓解决农村问题。由此，不得不讨论农业劳动转移。

(三) 否定传统经济丢失经济生态结构平衡

乡村经济的历史经历了自给自足的小农经济，以地方定期集市为中心，进行实物等价交易，以满足部分生活需求（另一部分是自我完成的）。自足自给的小农经济社会是"元产业体"，即社会未完全分工化，如自己种地、纺纱、织布或缝制衣服、制作农具等。随着生产力的发展，生活用品专业化，生产效率大幅提升，社会需求范围开始放大，即进入商品经济时代，乡镇工厂企业、小城市开始发育，形成地域市场，满足地域内的需求以至达到一种供需平衡，形成生活圈和地区经济系统，各地区市场保持相对独立和封闭。从地理视角来看，国家整体上近似均衡的城镇网络。而到了市场经济时期，科技主导着工业化，企业生产不断地组并、扩张，形成全国性的大企业，并向大城市集聚。又再次破坏地域性市场体系，导致市场全国一体化，使满足和提供地方性服务、福利的小城镇企业难以立足，能立足下来的乡镇企业也不再是为本地居民而生产。而我们国家还没等小城镇发育成熟，大城市时代突如其来。由此农村劳动就地转移成为困难。乡村经济系统的内循环已丧失（乡镇企业的发展严重受阻），那么在全国性经济大系统中，能否弥合乡村经济循环以及又将如何弥合？

地方乡镇、小城镇发展受阻，导致农村劳动就地转移成为困难，最终结果是劳动跨地区季节性转移。而这种跨地区的季节性转移，数量虽是庞大，但受户籍等身份限定，只是其中"优秀"者被筛选落户，这显然也没能最终解决农村问题，显然城市不关心农民。

三 单中心到多中心回归困境

（一）问题解决需要重塑地域生活圈

以小城镇为中心的地域生活圈自我供求环境受现代工业以及全球化冲击，乡镇企业发展严重受制约，依托中心城市发展成为必然，这已成为不争的事实。地方进入了更大的一体化的系统环境，若不能疏导劳动流动，而在生活消费的交易等方面强调完全市场化运作，杜绝市场分割，过分强调"维稳"，抑制劳动合理流通，从而扭曲了劳动价格。这完全是不公平的，结果，从城乡关系看，即是城市剥夺农村。另外，在限制人口流动、迁居的同时，要求所谓的市场一体化、消除区域行政壁垒，又要倾斜的区域支持政策，这分明就是不平等的区域政策。最终区域发展不平衡导致部分地区被边缘化。在市场经济背景下，任何抑制劳动自由流动都是违背市场原则。国家强调粮食安全生产，广种地、多蓄粮，从社会危机角度看，这完全有其合理性。而在市场经济中，由这种原因导致市场上的粮食过剩也必然违背劳动价值理论。

多年来，国家政策一直倾向于沿海地区的开发发展，以外贸经济带动全国经济发展，尝试以"让一部分人或地区先富起来"的指导政策，并期望由先富者带动落后地区的发展。同时，这一政策观点受佩鲁的增长极理论以及梯度发展理论的支撑。这种起步于外向型经济，通过廉价劳动成就了一个"世界工厂"。这种过低的劳动价格使得人们勤劳并不能致富。增长极的梯度辐射影响距离是有限性的，梯度理论本身就是不平衡发展理论，有其自身的弱点，却似乎被忽视。增长极理论告诉我们，它能产生较强的集聚效应，能吸收优势资源。那么集聚有无范围限定，在多大范围内是合理的集聚，集聚后的辐射又是如何？

（1）从国家层面看，若梯度理论在国家范围内运用成立，则形成东部—中部—西部依次梯度发展。基于该政策，那就形成东部不断集聚，正如韩国首尔圈集聚总人口的47.6%，公共机关的84.0%，100家大企业总部的91%，税租收入的70.8%[1]。当然韩国政府一直在控制一极集聚，发展地方城市，如将人口超100万的城市均设为广域市（即直辖市），甚至一度考虑迁都。韩国人口国土只相当于我们国家的一个省份，或许这还能适合发展的理论，那么我们这样的人口大国是否也适应？如果适应，那么在统一的大市场背景下，我们就必须放开户籍限制，让（也必须让）中西部农业区人口东迁，最终在这种格局下走向新的均衡发展。东部环境适于人的生存和城市发展，人口动迁有一定的合理性，但从国家安全和地区容量上讲，这显然不合实际。

（2）从增长极层面看，依托少数几个中心增长极，实践和理论证

---

[1] 周藤利一：《韓国の都市政策の近況》，（財）民間都市開発推進機構，http://www.minto.or.jp/center/us_new51.htm。

明，都是不能解决全国性的发展问题。而且会造成少数城市过于拥挤，土地房屋价格被疯狂抬高，正是这些暴利的诱引，许多地方将大量资金用于投机房产。房产严重吞食了迁移者一生的财富积累，这不免是不公平的剥夺。而且在这十多亿人口的大国，不扭转现有东倾政策，仅靠东部城市发展，肯定容纳不了如此多的人口。容纳不了，则必然产生区域间频繁的季节性人流和物流，这都违背了节约型社会的原则，显然集聚而不经济。

从杜能的"孤立国"模型看，远离中心城市地域的，必定是人口相对稀少的，采用三圃制农业或放养式畜牧业。农村服务于城市，距离造成运输成本和时间成本增加以及受保鲜技术、信息制约，事实上很多供应城市的粮食和蔬菜都是就近解决。在经历集体所有制和家庭联产承包责任制后，农村人均耕地基本均质化。只有在所谓增长极大城市周边的土地收入才占据相对优势。

（3）在地方政府层面上，随地方分权的推进，经营性的地方政府对增长极理论运用得淋漓尽致，对提升所谓的地方竞争力最起劲，纷纷扩大城市能级。强者追求更强，城市间竞争似乎成了地方政府的目标，而把社会民生、福利摆在次要位置。竞争结果就是在竞争中获取强势地位，说白了就是谋求不平衡发展。那么什么是合理的城市规模，城市发展到底能解决什么问题，给谁谋福利？如何引导有序城市化，服务于本区域经济发展和人民的生活？企业在哪里税收在哪里（城市），生产是外地人，城市提供的一点福利是给本地市民。

所谓的中心城市的辐射也备受怀疑，有学者甚至认为，这是对周边城市发展的制约，河北省认为，北京、天津对它们发展就是制约。而且中部地区（包括部分西部地区）人口也相当密集，若不能解决人口自由向东部城市迁居，维持人口现有分布格局，看来仅仅依托几个东部中心城市发展带动是远远不够的，必须走多中心、泛化的多增长极的战略。若继续以东部为中心，从市场公平角度讲，就必须提供宽松政策让中西部地区农村人口自由流入东部、入居东部，从而提高西部人均财富。若不放宽人口（就业）政策，而又以目前的东部为中心的发展格局，必然导致地域间不平衡的扩大。虽说经济发展有如威廉姆逊的倒"U"形发展规律，但这种平衡回归自然不改东部省市高度集聚格局，也必须满足其要素流动性的前提假设条件。

（二）重构地域经济圈需要大谋划

在后工业社会或现代性重建进程中，与服务型社会治理模式生成、构建密切相联系的多中心治理，是社会治理模式现代性演进的一个基本趋向①。多中心治理是民主政治的新趋向，被认为是地方时代的一种回归，为地方提供更多的福利，使地方经济再复苏。如日本继实行2000年3月的"广域行政圈计划策定纲要"和1999年4月"故乡市町村圈推进纲要"后，2008年12月26日，日本总务省发出"定居自立圈构想推进纲要"的通知，推出关于广域行政新的"定居自立市町村圈推进纲要"②。并积极推进道州制行政区划改革，将目前由都道府县负责的事务大规模地移交给市町村，道州承担起更大范围统筹事务③，也是寄予将市町村合并增强地方行财政能力，将更多的社会福利交给地方自治体直接提供。基于地方时代回归，期望为解决农村问题及农村经济发展带来新的转机。

金融危机后，我们意识到挖掘内部市场的重要性，确实我们国家有13亿人口，相当于数个大国，而且仍然相当落后，落后就是发展的潜力所在。让落后农业地区发展是经济发展的规律使然，也是一项重要的政治任务。经济多中心，就是让国家形成合理等级城市网络，农村围绕城市的一体化发展。在世界竞争中，世界的不平衡，世界级的大都市固然重要。不能因世界的不平衡，就推论国内发展应该不平衡。没有前瞻性的把握，片面强调外向性不可能永远都是恰当的，须

---

① 孔繁斌：《公共性的再生产——多中心治理的合作机制建构》，江苏人民出版社2008年版，第99页。
② 《定住自立圈構想推進要綱等について》，《日本総務省HP》，http://www.soumu.go.jp/menu_news/s-news/2008/081226_5.html。
③ （财）日本国自治体国際化协会：《日本の地方自治》，2009年，第53页。http://www.clair.or.jp/j/forum/other/japan.html，2009年9月30日。

审视自身内部的市场，自己为自己提供更多的生活福利。在全国层面上，建立较多增长极；在地区层面上培育地方的中心城市。正如当下，国家在国际多中心治理背景下，提出武汉、中原等都市圈或城市群以及皖江城市带概念，并上升到国家战略，作为带动区域经济发展的动力。随着增长极理论的应用和实践，增长极理论开始泛化，出现了各种层次的增长极，除国家级的，还有地区级的、地方级的，等等。最终成就以地方为中心，为地方居民提供更好的社会服务和福利，使城乡实现有机统合。自经济进入社会化生产，经济发展本身就是提供一种广义上的社会福利，从福利社会的视角看，经济就是福利生产。基于福利生产，城乡关系走进一个理性回归，从而完成城乡一体到城乡割裂，再由城乡割裂走向城乡统筹的辩证发展。

第十章

城乡关系的探索：中华人民共和国成立初期工业的城乡一体化实践与当今新型城镇化构想

自毛泽东领导的建设时期就强调区域平衡、城乡统筹。因工业发展滞后，实行以重工业为主导的工业化追赶，现代城镇体系按先大城市后小城镇的序列发展。伴随工业化推进是城乡二元化结构的形成。

计划经济时代，为了便于管理，保障粮食生产安全，化解城镇化带来的社会不稳定，国家建立了严格的户籍制度，把农村束缚在乡土社会，造成了城乡在社会空间上的隔绝。城乡分离的社会空间结构，给社会建设带来了诸多矛盾与冲突，最终是社会发展的重大障碍。正如缪尔达尔指出的，城乡差异会引起累积性因果循环，城市由于初始优势将发展更快而乡村地区则会陷入"贫困的恶性循环"。适应经济转型的社会转型需要，推进打破城乡分割，建立新型城乡关系，促进城乡经济共同繁荣的经济管理体制改革势在必行。2002年，党的十六大首次提出了"城乡社会统筹"发展战略，经过十多年的政策实践和理论研究，我们对城乡社会发展问题有了较为全面理性的认识。2012年，党的十八大进一步提出"城乡社会一体化"发展战略。2012年年底提出新型城镇化的要求是围绕发展成果共享、促进人口市民化和城乡公共服务均等充足化。2013年中国"中央一号文件"指出，把城乡发展一体化作为解决"三农"问题的根本途径。城乡一体化是一个系统工程，包括城乡经济一体化、城乡政治一体化、城乡社会一体化、城乡文化一体化、城乡生态一体化等方方面面。要统筹城乡社会一体化发展，建立畅通无阻的社会流动体系，实现城乡社会空间的融合。新制度经济学研究表明，制度和产权对经济发展至关重要，对城乡一体化发展亦十分重要。城乡一体化的制度建构，要通过城乡一体化机制和路径重构的改革，打通城乡要素自由流动的梗阻。要素流通不局限于农产品的统一流通，人口也要能自由流动，有效实现农民市民化。我们探索通过"市管县"和"以城带乡"体制，把乡村政治空间纳入城市政治空间的治理范围，为城市进一步攫取乡村资源发展自身架设了桥梁。城乡一体化依赖于中心城镇，达到相当于极化效应的回波效和相当于涓滴效应的扩散效应。城乡一体化的模式有：北京、上海的"大城市带小郊区"模式，重庆、成都的以"大城市带大郊区"模式以及江浙地区的以"小城镇带农村"模式。这些模式有其大城市依托或特定的时代背景，这些模式并没有普适性。更重要的是在区域平衡发展、地方经济生态构建等方面探索发展路径。"新型城镇化"概念赋予我们想象空间，这是没有标准化的模板，每个城镇化研究者在探索中，都需要对其进行再分析，给予必要的界定，赋予新的内涵。

我国的城乡问题有其特殊的历史背景，有其自身的演进逻辑，历史总是沿着否定之否定规律前行，我们不能完全否定历史，同时要从历史经验中有所启发，找到解决新问题的价值发现。本章研究正是基于两个转型时代的城乡统筹发展瓶颈和机遇的分析，有助于认识发展地域的中心城镇功能，构筑地域生活圈、经济圈乃至文化圈意义，为构建我国新型城镇化提供新启发，为地域经济创造出良性的经济生态，实现地域自立性经济成长，矫正发展理念。

一 改革开放前与当前的发展主题

（一）改革开放前的发展主题
——发展科技，工业化追赶，建立完整工业体系

1. 工业立国是时代使命

中国发展工业的愿望和尝试由来已久，直至中华人民共和国成立

前后，国家积弱积贫，还只是一个农业大国，主要维持自给自足的小农经济。毛泽东总结鸦片战争后百余年间中国工业化的经验教训，探索要在民族独立基础上实行经济独立的工业化建设。毛泽东构筑了新民主主义经济生态，这是统一战线的政治需要，也是对资本主义的存在价值的肯定。国家控制国计民生的工商业，让私营资本在国营经济领导下参与经济工业建设。20世纪50年代，世界工业已经进入第二次工业革命后期，在国力上，重工业成为一个国家或民族安身立命的根本，若没有自己独立的重工业体系，只能算一个二流国家。毛泽东提出发展以重工业为主导，优先发展重工业的战略。因为旧的工业基础很脆弱，"为了实现我国的工业化，就必须主要地依靠新的工业特别是重工业的建设"[1]。

2. 工业赶超是时代特征

工业赶超是新中国成立后中国发展的特征。在强烈的工业化追赶意识下，基于社会主要矛盾的悄然变化；国际环境和政治格局急剧变化；在国际压力下发展重工业需要的考虑，推进沿用国营经济的苏联计划经济运行模式的所有制社会主义改造，以便优先发展重工业，集中调配资源的计划执行。重工业主要是国营经济和主导产业，为国家重点投资对象。主张发展科技带动工业发展，用"两条腿走路"，洋土结合。

3. 抑制消费为了重工业积累

发展工业是一个积累过程，节约消费在该时代被特别重视，即让生产资料增长快于消费资料增长。毛泽东要求"用一切办法挤出钱来建设重工业和国防工业"[2]。周恩来在中共八届二中全会上指出，"优先发展重工业才有基础。发展重工业，实现社会主义工业化是为人民谋长远利益"[3]。显然，优先发展重工业，必然抑制轻工业的发展，轻工业则是非主导产业的私营经济，轻工业与农业和地

---

[1]《周恩来选集》（下卷），人民出版社1984年版，第109页。
[2]《建国以来毛泽东文稿》（第二册），中央文献出版社1988年版，第534页。
[3]《周恩来经济文选》，中央文献出版社1993年版，第336页。

方消费密切关联，影响地方经济成长发育。重化工业是规模经济，优先发展重工业必然促成大城市经济的快速崛起，从而加速城乡二元化结构形成。

4. 经济平衡发展是政策重点

在经济生态上，外部环境相对封闭、区域经济不平衡，主要工业集中于沿海。毛泽东主张工业平衡发展，"在全国各地区适当地分布工业的生产力，使工业接近原料、燃料的产区和消费区，并使工业的分布适合于巩固国防的条件，逐步地提高落后地区的经济水平"[①]。加大对内地的工业建设，同时注重沿海工业基地的利用，从而更有利于发展和支持内地工业。

(二) 当前的发展主题
——科学发展、转型发展、城乡统筹，构建生态文明

1. 坚持改革开放，发展社会主义市场经济

坚持改革开放，完善社会主义市场经济，适应经济全球化趋势。当今，世界经济趋向全球化，资本推进生产趋向适地化，生产要素和创新资源在全球整合，通过开放创造外部支持平台，整合优势资源提升自主创新能力。党的十八大提出，要加大对农村和中西部地区扶持力度，支持这些地区加快改革开放、增强发展能力、改善人民生活。发展生产、激发内需是经济发展的内生动力，也是国民收入倍增计划的内容。

2. 调结构促发展，推进城乡协调发展

胡锦涛要求，全面深化经济体制改革和加快转变经济发展方式，提升我国经济发展活力和竞争力。我国正处于城镇化的关键时期，仅靠大城市容纳有很大难度，需要采取"两条腿走路"的方针，即发展大中城市和小城镇共同吸纳农村人口。党的十六大报告采用"城镇化"提法，其内涵更加符合我国的实际。党的十八大报告提出，走中

---

① 《建国以来重要文献选编》(第6册)，中央文献出版社1993年版，第311页。

国特色新型工业化、信息化、城镇化、农业现代化道路，推动信息化和工业化深度融合、工业化和城镇化良性互动、城镇化和农业现代化相互协调，促进工业化、信息化、城镇化、农业现代化同步发展。把"三农"问题作为工作的重中之重，探索化解城乡二元结构。

3. 注重科学发展，强调生态文明建设

依托科技创新，改变落后产能，转变粗放型经济增长方式，合理布局工业，建设节约型、环境友好型社会，强调生态文明建设，让发展成果惠及民生。环境问题是全球课题，环境关系到人民健康，低碳、绿色的要求不可回避，必须坚持节约优先、保护优先、自然恢复为主的方针，着力推进绿色发展、循环发展、低碳发展，形成节约资源和保护环境的空间格局、产业结构、生产方式、生活方式。伴随社会转型，舒适环境建设，成为吸纳创新型人才的重要举措，也是城市魅力所在。随着人民收入增长，农村对都市功能的需求和服务将持续增多。

二 城乡一体化构想与实践及其主要瓶颈问题

（一）改革开放前工业与城市发展实践及其城乡一体化瓶颈

1. 平衡工业布局，规划大经济区，构建起地方中心城市

毛泽东重视区域平衡发展。把全国划分成7个经济协作区，改变工业集中于沿海，要求各协作区尽快建立大型工业骨干企业和经济中心，形成若干具有比较完整的工业体系的经济区。其后要求各地方都建立独立的工业体系，建立大型工业骨干企业和经济中心，发展地方工业。1958年，毛泽东提出，"地方应想办法建立独立的工业体系。首先是协作区，然后是许多省，只要有条件，都应建立比较独立的但是情况不同的工业体系"[①]。轻工业等非主导产业，提供地方消费和服务，以"三就地"原则，实行分散生产。1961年，中共中央确立"大权独揽，小权分散"的原则。备战的"三线建设"时期，也考虑到长期建设，

[①] 《毛泽东视察天津时的讲话》，《人民日报》1958年8月16日。

促进平衡发展，将内地建设成为工业部门齐全、工农业协调发展的大后方。形成了以西安、兰州、成都等为中心的 45 个大型新兴工业基地和 30 多个各具特色的新兴工业城市。在工业布局地区极不平衡的条件下，构筑起地方经济中心的城市建设是首要任务。中心城市建设是适应重工业的规模经济、集聚经济需要，从大区域视角看是适时而且必要的，从地方层面看，现代意义上的城镇体系尚未建立起来。

2. 两条腿走路，推进农村工业化，构建城乡一体化发展

党的七届二中全会确立农村走生产合作化道路，1950 年颁布合作社法，规定"在城市和乡村独立生产的小手工业者和家庭手工业劳动者中组织手工业生产合作社"。党内通知"把农村互助合作当作一件大事去做"。工业是社会化生产，工业化应建立在机器生产基础之上，因而，合作化与工业化紧密关联，同时，合作化可培养合作精神、锻炼政治意识。毛泽东积极引导农业和手工业向集体化方向发展，指出农业必须先"集体化"再现代化，现代化即以大机器生产为主，是工业化的后期发展，"必须先有合作化，然后才能使用大机器"[1]。由此，勾勒出未来合作化运动的大轮廓。合作化也就成为社会主义改造的政治任务。毛泽东从工农业关系角度理解，"农业就是工业"。手工业合作化促进了一些轻工行业的形成和发展，通过合作化各地方都发展了专业的服装和木器家具等生产合作社，并逐渐形成一个企业化商品生产行业。小城镇的合作社成为日后发展地方工业的基础。社会主义改造完成后，农村实现集体化，实行以人民公社为单位，发展农村工业，让工农协调发展。"大跃进"时，全国兴起人民公社化运动，尝试城乡一体化发展，人民公社成为农村发展工业的载体。中共八届六中全会决议指出，"人民公社必须大办工业"[2]。以公社为单位，构建地域经济或服务中心，让农村剩余劳动力就地转移，发展工业带动农业发展，逐步消灭工农、城乡差距。一哄而起，造成

---

[1] 邱延生编著：《毛泽东与中国经济》，新华出版社 2010 年版，第 112 页。
[2] 《建国以来重要文献选编》（第 11 册），中央文献出版社 1995 年版，第 599 页。

整个工业体系混乱，同时土法生产也造成巨大浪费。于是，1962年9月，中央规定："公社管理委员会，在今后若干年内，一般地不办企业。"① 城市公社因中央决定精减职工和减少城镇人口，基本停办、不办工业，公社工业转到手工业合作社。直到1966年"五·七"指示后，社队企业才陆续发展起来。

区域不平衡，城乡差距其实是一个问题的两个层面，即城镇体系问题，毛泽东在区域层面构建中心城市，在地方层面构想城乡一体化有其时代制约性。

一是抑制消费的工业化追赶发展，影响民生改善和地方经济发展。我国工业化的滞后，战略上实行跳跃式追赶，直接切入发展当时科技广泛运用的重工业，而非选择轻工业重演工业化历程。要求迎头赶上的追赶战略，优先发展重工业，重工业是规模集聚经济，直接推进农业经济向大城市经济的过渡，由此影响到城镇体系发育，产生城乡二元结构问题。工业化是一个积累过程，重工业优先发展政策势必影响轻工业发展，轻工业与农业关系密切，与地方消费联系在一起，因而，工业积累抑制了个人消费，制约地方经济的活跃性。生产主要是为了积累或换取工业建设的重要物资、技术或设备。

二是政策一刀切，断送城乡一体化构想。地方分权改革，地方有了一些自主发展工业的权力，这主要还是体现在地区层面的中心城市。手工业合作化催化一批（乡镇）工业企业形成。迫切的工业化期望，毛泽东提出用"两条腿走路"，也促使农村发展工业，推进农村公社化，以公社为单位，构建地域经济或服务中心，以实现农村剩余劳动力就地转移，发展工业带动农业发展，逐步消灭工农、城乡差距。由于"大跃进"的混乱，因技术水平低，造成浪费，顾忌到整体计划执行，政策上"一刀切"，实行去工业化，事实上否定了农村工业化。人民公社作为工业化的载体，因去工业化导致本来构想的集体化的目的落空。只有少数未认真履行政策的地方成为乡镇企业发展之秀。

---

① 《建国以来重要文献选编》（第15册），中央文献出版社1997年版，第621页。

三是工业技术能力有限性，农业现代化出现真空。"必须先有合作化，然后才能使用大机器"，这是逻辑上的先后，真理放大就成为谬误。工业尚处于不断积累时期，科技和工业能力上还不足以推进农业现代化，出现制度转型在承接上的真空，迟迟未能推进大机器生产。合作化是一个制度安排，是以提高生产力为前提的，同时制度安排是系统工程，合作化与农业生产方式的现代化，剩余劳动力转移与以人民公社为中心工业发展紧密关联。而当公社实行去工业化，这意味着该制度整体环境的破坏，成为制度的危机。1978年后的农村家庭联产承包责任制，其实是对小农经济的一种回归。

毛泽东构建中心城市和城乡一体化发展思想和实践，具有极高的价值和现实意义，迎合重工业的集聚经济发展区域中心城市是必要的也是及时的，在城乡一体化层面上，遇到了时代的瓶颈制约，其思想价值不可否认，在当前发展的关节点上其价值有所凸显。

（二）当前工业化、城镇化与城乡一体化构想与主要瓶颈

城乡统筹、工业反哺农业、城市带动农村战略是我国近年的政策重点。当前"城乡二元"结构问题仍为现实课题，"三农"问题关系到国家和社会的稳定，解决"三农"问题成为政府工作的大事。中央确立了"统筹城乡发展"战略方针，试图解决传统的城乡二元结构问题，加大公共财政向"三农"倾斜，完善国家支持农业的保护体系，强化农业基础设施建设，发展农村公共事业，等等。"十五"计划首次把推进城镇化作为国家发展战略，党的十六大确立走中国特色的城镇化道路，2004年，中央提出"多予、少取、放活"的农民增收方针，2006年、2007年提出谋划新农村建设，党的十七大进一步指出，"按照统筹城乡、布局合理、节约土地、功能完善、以大带小的原则促进大中小城镇和小城镇协调发展。以增强综合承载能力为重点，以特大城镇为依托，形成辐射作用大的城镇群、培育新的经济增长极"。

我国广大中西部城镇体系发育滞后，未能构筑起中心城镇向广大农村辐射城市功能。城镇是城市化的载体，培育新型城市化地区，不局限于既有建制城市。李克强近年就农村问题强调，工业化、城镇化、现代化"三化并举"。党的十八大报告要求，工业化、信息化、城镇化、农业现代化同步发展，再次强调，推动城乡发展一体化，加大统筹城乡发展力度，增强农村发展活力。促进农民增收，坚持工业反哺农业、城市支持农村和多予少取放活的方针，加大强农惠农富农政策力度。把国家基础设施建设和社会事业发展重点放在农村，推进新农村建设和扶贫开发，全面改善农村生产生活条件。

改革开放以来，我国城乡统筹的一体化存在新的瓶颈制约，主要体现在以下几个方面。

1. 现代工业集聚本性破坏城乡经济生态

我国优先发展重工业，重工业规模经济直接推进大城市发育。市场化改革后，工业经济在市场环境下，企业生产趋向大城市集聚，破坏地域性经济生态，以小城镇为中心的地域经济圈、生活圈自我供求环境受现代工业以及全球化冲击，满足和提供地方性服务、福利的小城镇企业难以立足，由此农村剩余劳动就地转移困难。随着市场化推进，生产地与消费地分离，地方生产不是满足地方需求，地方进入了更大的一体化的经济生态系统中，在生活消费交易等方面强调完全市场化运作，杜绝市场分割，强调稳定而抑制劳动要素流通，不能有效疏导劳动要素流动，从而扭曲了劳动价格，结果，从城乡关系看，即是城市剥夺农村。另外，乡镇工业还受进入门槛限制，包括治理能力、行业以及环境标准等的限制。

2. 政府更多关注集聚经济的城市增长极

改革开放以来，推进市场化改革，因集聚和规模效应，城市成为产业集聚地，成为经济发展的中心，为地方政府创出财源。依托中心城市发展经济成为其必然。在行政建制上，将县统合到地级市管辖下，有效解决城市发展扩张的需要，城市经济反映着地区或城市的竞争力，因此以发展产业成就城市扩张或以城市化拉动产业发展，城市扩张成为地方（或城市）政府的关注重点。在"市管县"体制下，政府更多地关注既有建制城市这一增长极，忽视培育下级城镇体系发育及其成长，或抑制县级行政的自主决策权。因此，对于新城镇化建设，"扩权强县"势在必行。

3. 梯度发展拉大区域差距，无益于城乡统筹

改革开放后，我国经济进入了新的经济生态。政策倾向于发展沿海地区，以外向型经济带动全国经济发展，尝试以"让一部分人或地区先富起来"的指导政策，并期望由先富者带动落后地区的发展。这一政策观点受佩鲁的增长极理论以及梯度发展理论的支撑。这种外向型经济通过廉价劳动成就了一个"世界工厂"，较低劳动价格使得人们勤劳并不能致富。增长极的梯度辐射影响距离是有限性的，据引力公式 $F = KM_1M_2/d^2$ 可知，引力与距离的平方成反比，随距离增大其辐射急剧衰退。梯度理论本身就是不平衡发展理论，其自身的弱点却被忽视。增长极有极强的集聚效应，吸纳优势资源，造成一面是大城市形成超强集聚引力，另一面是部分地域的集聚能力衰弱，劳动力跨地域向大城市转移，承受高定居成本。结果，除大城市地区外，地方自身不能做到工业反哺农业，城市带动农村，只能依托国家层面的农业支持，非真正意义上城乡统筹。另外，因外向型经济生产的性质决定，劳动力源源不断输入沿海城市，要素流动取代产业向内地转移。

4. 城乡统筹忽视载体建设，城市承载有限

城市化是社会发展必然趋势。长期以来城乡处于割裂的思维下，忽视城乡关系的载体建构，致使地域的中心性缺失，因地域缺少具有集聚功能的中心城镇，城市化趋向跨地域，衍生出二重二元化或三重二元化。即大城市地区与中心城镇发育不足地区、城市与农村地区以及城市与城中村问题。城市与乡村割裂的发展方式，公共财政不能有效地覆盖农村地域，乡镇基层政府缺乏财政支持，农村公共物品的提供面临困境。区域发展不平衡可能导致地区被边缘化。地方乡镇、小城镇发展受阻，导致农村劳动就地转移成为困难，受身份限定，形成劳动跨地区季节性转移。跨地区城市化，得承受高定居成本，也带给大城市压力，导致地域人口过疏化，更使农村脱离城市。由此，城市支持农村存在这样的问题，一是城市局限于支持行政区内的农村，存在

大城市对应小农村和小城市对应大农村的局面。二是城市与乡村抽象化，城乡矛盾解决则依赖国家财政的富农政策。大城市行政区内农村部分较少，有足够能力做到城市支持农村，而因城市发展的不均衡，部分地域行政区整体就可谓农村，没有城乡直接矛盾，不能做到真正意义上的城乡统筹。

5. 改革开放营造的经济生态，消费需求受抑制

外向型经济改变了经济生态，为经济注入了新鲜的血液，这种外向型经济让廉价的生产要素进入世界生产体系，成就沿海地区利用地理区位优势，迅速发展起来。外向型经济并未真正融入世界一体化市场，其实是两种经济生态，发达国家为以高工资、高福利、高物价和高消费为特征的经济循环，发展中国家为以低物价、低收入、低消费为特征的经济循环。从经济循环周期看，生产和消费构成一个整体，我们的外向型经济事实上生产主要不是为了满足居民的消费，生产与消费完全分离。因为技术弱势，在参与国际经济生态环节时，我们的劳动价格以及资源并没有与国际市场价格接轨，而我们在弥补国内需要及不足的资源（创新资源或原油，以及产品等）时，却按照国际的价格支付，即所谓与国际接轨。这显然是不合理的。社会保障体系不健全，内部需求难以激发，居民收入倾向储蓄化，国家也存在大量外币储备。

6. 农民增收有限，农业产业化无法推进

"三农"问题的实质就是解决农民需求问题，解决需求就是解决贫困问题，就是扩大内需的过程，需求应该通过参与经济活动，创造社会福利和享受社会福利。在粮食问题基本解决后，问题不是多种粮，而是参与其他就业转移。农业劳动价值存在扭曲，鼓励农民种粮仅从粮食安全上考虑是合理的。因地方缺乏集聚中心，工业基础薄弱，就地吸纳劳动力能力有限，农村剩余劳动力转移困难。家庭联产责任制是小农经济的回归，意味着农民依附于土地，农业产业化或现代化无法推进，引导农业有序发展不一定是传统意义上的农民，传统的农民（小农）无法代表科学技术，引导农业发展的核心力量是经济实体的企业，使农业生产分工和重组，延伸产业链，在城乡一体化

政策背景下，农民问题解决即是如何将农民嵌合在现代生产链的环节上。问题并不是是否要实现产业化，而是结构性问题，产业化是应结构性变化而后生的。劳动转移后为推进技术采用和规模经营提供可能，政治也不能采用"羊吃人"办法。在劳动没有有效转移前，推进产业化，从微观个体角度看，效果可能显著，增强了在行业内部的竞争和拉大了财富分配差异。

三 新时期工业化、城镇化发展的机遇与对策

（一）新时期城乡关系发展的主要机遇

1. 经济生态的新拐点出现之契机

在经济循环的生态中，其运行是需求、生产、消费、新需求、再生产过程。当下，世界经济不景气，出口下降，产能出现过剩，国内要素成本上升，生产需要调结构扩内需。以廉价劳动为基础的、不以满足居民的消费需求和改善人民生活为目的的外向型经济，伴随劳动力成本上涨，其优势将逐渐消失。金融危机后，发达国家推进再工业化战略，即很多学者忧虑的"刘易斯拐点"出现，多余劳动力如何去向，其实，这是一个新的契机，是经济生态趋向平衡的转折点。只有打破外向型经济的生产格局，才有促进产业布局的合理化，生产更趋向消费地和资源地。让广大农民平等参与现代化进程、共同分享现代化成果出现一丝曙光。

2. 金融危机带来扩内需调结构的发展机遇

在当前世界经济不景气、内需不足的情况下，工业产能过剩显现，我们意识到挖掘内部市场的重要性，与此同时，在地域竞争中城市面临产业结构升级与转移两方面问题。我国是个人口大国，而且仍相对落后，同时还存在地区差距和城乡差距，存在巨大内需空间，这就是发展的潜力所在。让落后农业地区发展是经济发展的必然规律、也是一项重要政治任务。在世界竞争中，世界的不平衡，世界级的大

都市固然重要。片面强调外向性不可能永远都是恰当的，须审视自身内部的市场，自己为自己提供更多的生活福利。经济发展本身就是提供一种广义上的社会福利，基于福利社会视角的福利生产，城乡关系应该走进一个理性回归，从而完成从城乡割裂到城乡一体化统筹的辩证发展。城乡问题、区域问题，随生产要素区位与消费方向改变，既有产能将向内地合理布局，服务经济有巨大空间，可有效促进社会财富分配、再分配。

3. 新工业革命的生产范式转变带来的机会

目前正酝酿着一轮以大规模定制制造为主的、完全适合消费者的个性化需求，以数字制造技术、互联网技术和再生能源技术的重大创新与融合为代表，将导致工业、产业乃至社会发生巨大的颠覆性变革。主要是能源生产与使用革命，生产方式变革，制造模式变革，生产组织方式变革，生活方式变革[1]。实现"分散生产，就地销售"。第三次工业革命将呈现出与前两次特别是第二次工业革命迥异的特征，一是从规模生产转向定制生产，满足个性化需求；二是从刚性生产转向柔性生产；三是从工厂生产转向个体生产，使得创新者瞬间转变为制造者；四是从集群生产转向开放生产，使生产者对市场和技术的变化更加敏感等[2]。适应第三次工业革命新动向，以分散、扁平的生产经营的方式重构人类的生产方式和生产关系。这将是地方中心建设的新机遇，使城乡一体化发展成为可能和新的契机。可实现毛泽东构想的"在农村建小城市"，即在农村建特色工业园区，构筑生活圈，构建节约型社会。

（二）新时期城乡一体化发展的政策建议

1. 培育中心城镇，构筑经济循环的圈域，统筹城乡发展

农民问题本质上是农民需求问题，体现为劳动或就业机会。若地

---

[1] 芮明杰：《"第三次工业革命的起源、实质与启示"在复旦大学的讲演》，《文汇报》2012 年 9 月 17 日。

[2] 王志忠：《如何迎接第三次工业革命》，《新华日报》2012 年 9 月 25 日。

域丧失吸纳能力，转移劳动则需要跨地区实现，与此同时便是劳动转移取代产业转移，结果是农村和城市割裂，甚至是地域间割裂，即二重二元化。因市场一体化，又因工业、服务经济的大城市集聚本性，集聚结果造成国土发展不均衡。我国大部分地区，地方不能发挥中枢机能，提供现代生活设施、优质服务和机会，农民城镇化则倾向于跨区域实现。产业选择一定人口规模的城市，而人口又需要产业支持。跨地域城市化，对移出地来说就是人口的减少，老龄化提前到来。人口减少将带来众多问题：一是地域社会活力下降，制约地域经济成长；二是影响到地域生活基础相关活动，生活便利性降低，地域魅力下降；三是最终雇佣、就业机会丧失。因而必须实行有选择地集中，培育地域中心城镇。一是让农村接近城市，过剩劳动就地转移，农产品接近市场，城市功能辐射到农村，为农村提供好的服务和物质文化需求，乡村营造地域环境，成为城市人的后花园；二是确保城市腹地或圈域内整体人口量，让人口转化为地域性城市的能级或中心性，形成集聚引力和辐射能力，创造产业空间；三是发挥地域资源优势，形成地域内经济循环，城市农村互为一体。

2. 依托中心城镇构筑生活圈，促进圈内物质循环，创建循环节约型社会

构筑地域生活圈，作为人与自然和谐共处、城乡一体化发展的载体，实行地域圈域化发展。构筑生活圈，连接城乡，促进圈域内物质利用循环，形成良性互补互动。对于城市，集聚给城市企业带来规模效应，增加地域中心性，向农村辐射城市功能，吸纳圈内的剩余劳动力，避免人口大规模跨地域转移。对于乡村，一定的人口也是一种集约化，减少治理或生活成本，人口过疏化则往往导致生活设施无法更新，带来生产生活上的安全问题，使得乡村走向空心化。因而过疏化是一种资源浪费。人口跨地域转移，必将带来地域危机。结果，大城市极度膨胀，城市周边大面积农田被占用，亦构成环境负荷问题，同时大城市内部又可能衍生出新的贫富分化。构筑地域生活圈可形成圈内的人流与物流循环，减少长距离流动造成能源消耗。劳动就地转

移，生活排放与自然形成物质有机循环。因而从集约型社会的视角看，圈域化发展是合理而且必要的。集聚使城市更加紧凑，带来更大的技术溢出、创造机会空间、形成产业间的生态性。城市膨胀超出一定限度，便是城市风险的急剧上升，造成集聚成本的上升，同时造成环境压力，生活排放不能进入生态循环。采用国际上普遍做法，选择分散型国土，有选择地集中。韩国通过城市乡村合并构筑广域行政圈，日本通过地方自治体联合构筑广域行政或合并自治体使地域生活圈一体化，促成分散的多中心定居圈。因此发展构筑地域生活圈的城市，可有效处理地域静脉物流，解决地域过疏过密问题。

3. 创造宜居空间，构筑多交流的生活圈，培育或保存地域文化

地域因人的居住而形成地域文化，文化是人与自然共生的一种生存方式，同时文化也是人与人交往的产物，形成地域的共同的生活方式、交往方式，并成为地域的凝聚力。在急速的工业化和城市化过程中，地域传统的文化，受到极大的冲击，而这些文化中可能蕴含着重要价值，而这些价值可能没被充分理解和认识，就随着人口的走散而走向消亡。尤其是跨地域的城市化，人们原有的生活文化，可能没有适应的土壤，人与人交往的纽带被切断，而一时没有替代的连接方式，从而造成城市文化的缺失，也成为重要的城市问题。因此构筑地域生活圈，充分挖掘地域资源价值，保存和延续地域文化，形成具有地域文化的城市特色，同时也是地域文化的承接载体。乡村与城市交往，城市的先进文化渗透到乡村，乡村具有人情味的交往方式活跃城市社区的精神，相互联合解决地域问题并创造环境，使地域适于宜居让人口定居，是地域城市的使命，也是地域的凝聚力所在。

4. 规划城镇工业园，承接结构调整中的产业转移，关注分散型生产的新兴产业

工业化是城镇化建设的基本动力，经济危机后，外向型经济出现新迹象，抓住扩内需结构的发展机遇，适应集聚经济和分散发展的要求，基于福利生产的视角，以有选择的集中原则，规划和建设地方城镇的工业园区建设，承接结构调整中产业转移。扩内需就是满足贫

困地区或农村人口需求,就是让广大农民平等参与现代化进程、共同分享现代化成果。营造新的经济生态,让经济活动更贴近本地居民生活需求,培育地域自立发展。不让工业化、城镇化、农业现代化(产业化)之间脱节,配套制度改革跟进,不受钳制。加强信息化建设,适应第三次工业革命带来新型生产范式的转变,关注分散型生产的新兴产业动向。

第十一章

城乡关系的重塑：城市乡村关系建构与地域圈域化发展选择

城乡关系是一个古老而常新的话题。国外城镇化、城乡关系研究已较成熟，形成颇多的经典理论，诸如区位理论、结构理论、人口迁移理论、非均衡增长理论等。如刘易斯等人的二元结构理论揭示了许多发展中国家人口流动的均衡过程，缪尔达尔的循环累积因果关系理论揭示了工业化过程中人口与资本的城镇聚集与工业化互为因果关系。H. 钱纳里和 M. 塞尔昆提出城镇化与工业化关系的"发展模型"。芒福德提出城镇化集约化功能的"磁场效应"理论。社会在发展，时代在进步，城市与乡村矛盾也在变化。由于研究视角的不同，寻求解决路径往往也是不同的。

当下，我国强调城市支持农村、"工业反哺农业"，而"三农"问题的解决则依赖于国家的国民收入分配转移支付等。城乡割裂的思维，往往忽视城乡关系的载体建构，致使地域的中心性缺失，跨地域城市化可能衍生二重二元化。我国经济社会转型有其特殊的路径依赖，城乡统筹、城乡一体化为当前研究的热点，研究侧重探讨一体化内容，相关经验模式多局限于发达地区或大城市圈，关键在于城市与乡村的"距离"。制度研究倾向"扩权强县""扩权强镇"问题，其实质是在行政分权体制下追求地域开发利益属地化。社会是个大系统，从各种不同的视角都能得出一定的积极意义的参考价值，本章对目前主要流行视角下的寻求解决城乡问题的思维本身进行分析，辨析城市与乡村关系的落脚点。在高度城市化的近邻日本和韩国，城乡关系是另一种形式的存在，它们的城乡关系融合于地域圈的经济振兴中。基于此，我们需要从这种地域圈概念来理解城乡统筹的形式，论述城乡关系载体建构的意义和必要性。

一　城市与乡村：国内现状与关注点

（一）城市中心主义形塑的城乡关系

产业发展具有集聚、规模效应，城市则成为现代产业、创新资源的集聚地，由此，城市成为经济发展的中心，也成为地方政府的财源支柱。城市经济的强弱，则反映着城市的竞争能力，并直观于城市能级中，因此以发展产业成就城市扩展或以城市化拉动产业发展，城市扩张似乎成为地方（或城市）政府的使命。城市研究视角强调城市竞争力等，甚至跳出城市周边农村地域，研究城市间关系，衍生出"城市圈""城市群"概念。而城市圈发展要服务于经济全球化背景下的国家战略[1]。视角聚焦于城市间的竞争或城市国际竞争。

长期以来，在国家的政策导向、社会的价值取向以及个体的偏好三种力量交互作用下，悄然兴起以城市为本位的城市中心主义。城市中心主义导致乡村与城市发展的割裂，公共财政不能有效地覆盖农村地域，乡镇基层政府缺乏财政支持，农村公共物品的提供面临困境，农民享受不到工业化和城市化果实。由此许多学者指出了城乡制度的不统一问题。而在城市扩张中，城乡接合部是城市与乡村的矛盾多发地带，城乡关系处理也聚焦城乡接合部。城市辖农村的行政体制改革解决了城市发展的空间问题，而在管理上依旧是分裂的二元模式。

城乡差距不断拉大，由此产生"三农"问题。"三农"问题关系到国家和社会的稳定，解决"三农"问题成为政府的重要社会责任

---

[1] 唐茂华：《试论我国城市圈域经济发展中的政府职能》，《中共福建省委党校学报》2006年第6期。

和政治使命。由此,中央确立了"统筹城乡发展"战略方针,试图解决传统的城乡二元结构问题,加大公共财政向"三农"倾斜,完善国家支持农业的保护体系,强化农业基础设施建设,发展农村公共事业,等等。发改委也认为,统筹城乡发展就是要把城市与农村、农业与工业、农民与市民作为一个整体,纳入经济社会发展统一规划中去通盘考虑,综合研究城市与农村经济社会发展中存在的问题及其相互关系[1]。期望通过制度安排,将集聚在城市里的各种生产要素向贫穷落后的农村倾斜,"工业反哺农业,城市带动农村",从而构筑起工农、城乡间良性互动、共存双赢的发展平台。但从当前各地推行统筹城乡发展的实际效果看,反而是农村的生产要素朝着城市倒流,伴随高成本城镇化,农村财富积累加速流向城市,若这种态势得不到有效控制,城乡统筹发展就有可能变成一场大规模掠夺农村财富与农民剩余的浩劫[2]。

(二)区块割裂下的城乡应对策略

我国的区域经济主要为各种层级的行政区经济,行政主体之间处于竞争性关系之中,由于历史原因或不平衡发展政策影响,区块间呈现不同程度的极化发展态势,即所谓区域经济不平衡。

城乡关系研究和政策制定者都表达了城乡应该统筹,也提出方向性指导建议或政策。政府视角多倾向宏观,城市和乡村关系被概念化,城市支持农村就存在这样的问题,一是城市行政区支持行政区内的农村,局限在该行政区域内,有大城市小农村和小城市大农村的局面。二是城市与乡村抽象化,城市与农村的矛盾解决则依赖国家财政的富农政策。三是由于城乡的割裂(行政切割),便产生一种具有中国特色的跨地域对口扶持政策。

大城市行政区内农村部分较少,有足够能力做到城市支持农村,

---

[1] 发展改革委:《深化对城乡统筹发展战略的认识理解》,http://www.gov.cn/zwhd/2005-11/30/content_ 114004. htm,2005年11月30日。

[2] 宋亚平:《不要让统筹城乡发展误入歧途》,《江汉论坛》2011年第3期。

第十一章　城乡关系的重塑：城市乡村关系建构与地域圈域化发展选择

相反由于城市发展的不均衡，部分地域行政区整体就是农村，没有农村与城市直接矛盾，城市与农村关系成为抽象的。作为城乡统筹或城乡一体化经验模式之谈的，有珠江三角洲"以城带乡"、上海"城乡统筹规划"、苏南以民营经济发展带动城乡一体化、北京"工农协作、城乡结合"，这些都是依托于其特殊环境或大城市背景，即地域城乡统筹需要依托活跃的城市。而在城市缺位的地域，又将如何开展城乡统筹？大部分中西部，特别是县域，中心城区非常羸弱，根本发挥不了中心功能，发挥不了以城带乡、工业反哺农业机能。全国市场已经一体化，再加上地方粗放型企业受制于环保、卫生安全标准的限制，现代产业有向大城市集聚特性，剩余劳动力只能跨地域转移。城乡关系概念化，则统筹强调上层政府的作用。干脆有观点认为，农民问题的根源在农村之外[1]，农村的出路也在农村之外[2]，"多予"成为国家的国民收入分配调整项目，使国民收入和社会资源的分配倾向"三农"。近年国家陆续出台转移支付方式的政策，实施良种、农机具购置补贴、种粮直接补贴、水利设施建设补助金等。一系列农业补贴措施，大大增加了农民收入，但是政策初衷与实际效果仍存在较大差距，并且由于不断加码，面临补贴陷阱的政策风险。农业发展仍缺少新的增长点，乡镇企业带动的格局已不复存在，农业产业化中存在大资本盘剥农户的问题，农业的利益保障机制明显缺失[3]。农村土地的集体所有制，产权不明晰，往往被侵占或不当征用，在城市政府的城市扩张中，城乡统筹或关注焦点集中在城市与乡村的交接处。宏观上的扶持政策和对口扶持，确实在很大程度上部分缓和了城乡差距和矛盾，显然这并不是直接的城乡关系的统筹。

城乡统筹是现实实践问题，是社会建构问题，应放在社会系统中考察。目前相关研究倾向于头尾，或局限在城乡接合部，或论城乡统

---

[1]　秦晖：《为什么"人心散了"》，《发展》2006年第4期。
[2]　姚洋：《以市场替代农民的公共合作》，《华中师范大学学报》（人文社会科学版）2004年第5期。
[3]　董迎、夏小林：《统筹城乡发展的思考与建议》，《中国经贸导刊》2010年第7期。

筹的重要性，或论终极的统筹关系格局、统一制度等，建构则成为上层政府的行为，往往脱离城乡关系的依托载体。而目前阶段存在载体缺失，因此应该强调载体的构筑，即城市培育。城市化是必然的选择，而城市化方式有就地城市化和跨地域城市化，就地城市化则缺失地域具有集聚能力的产业，跨地域城市化则带来城市压力与迁居成本，也必将导致地域过疏或过密，更使农村脱离城市。在回答城市与乡村将如何统筹前，先看看我们的近邻日本、韩国是如何做的。

二 地域圈域化：日韩地域均衡发展的经验

（一）日本的地域发展战略演进

1. 地域均衡发展的方式："国土均衡发展"到"选择性集中"

日本从1962年的全国综合开发计划开始，就以"据点开发方式"实行地域间的均衡发展，通过新产业都市的建设等推进地方的工业开发。结果还是出现地域性人口过密、过疏的加重。1969年，以"大规模项目方式"推进新网络（交通）的形成等，将全国进行更广域地划分为7个圈域，推进综合性、广域性开发计划，创造富裕环境。1977年，三全综（第三次全国综合开发计划）推出"定居构想"，将全国约2万—3万个居住区构筑约200—300个定居圈。定居圈其农村和城市一体化，是地域开发的基础圈域，作为流域圈、通勤通学圈、广域生活圈是生活的基本圈域[1]。1987年提出"交流网络构想"，形成多极分散型国土，以生活圈域为基本单位，应中心城市的规模、功能，构成跨定居圈扩展的广域圈，具有多层相互重叠的结构特征，各圈域形成全国联合的网络[2]。1998年以多轴型国土结构形成、"参与和联合"的国土建设，构筑多自然居住地域，以实现大都市的再生、

---

[1] 日本国土交通省国土庁，"第三次全国综合开发计画（1977年）"，http://www.kokudokeikaku.go.jp/document_archives/ayumi.html。
[2] 日本国土交通省国土庁，"第四次全国综合开发计画（1987年）"，http://www.kokudokeikaku.go.jp/document_archives/ayumi.html。

地域联合轴的扩展，形成广域国际交流圈。应对人口减少、急速高龄化、全球化和东亚的经济发展、东京再集中，2008年确立广域联合体的自立性发展计划。国土计划局国土审议会调查改革部会在2005年5月的"国土的综合检验"报告上，提议"二层的广域圈"（地方联合体圈和82个生活圈）。中心都市人口以10万人以上的城市为核心的生活圈，超越都道府县的范围设定圈域[①]。

2. 地域圈域化广域行政：从广域行政圈向定居自立圈

日本在20世纪60年代末，开始全国性推进广域行政圈。有设定10万人口以上规模的，形成日常生活圈的广域市町村圈；和地理、历史或行政性一体的，40万人口规模的大城市周边部的广域行政圈。广域市町村圈设置广域行政机构，制定广域市町村圈计划，实施圈域综合性、计划性振兴整备。广域行政圈的目的，一为市町村[②]行政补充，即对市町村单独应付不了的广域事务进行共同处理；二为推进广域整体的综合性、计划性整备，实现其机能。在1977年的"定居构想"基础上，1980年后，推进了广域圈居住服务据点的地域中心设施模板的田园城市设施的整备，目标为从心灵实感富裕的生活空间，推进圈域的综合整备。2000年之后，因该时期优先市町村大合并，广域行政圈的光环有所黯然。2008年4月时，有359个广域行政圈，覆盖77.6%的人口，覆盖97.1%的国土，除大城市中心部以外，几乎都由广域行政覆盖。市町村大合并后，广域行政必要性由此降低。于是，总务省发布"广域定居自立圈构想推进纲要"的通知。中心市和周边市町村根据自己的意愿，一对一缔结协议，相互叠合形成圈域，中心市为人口定居，以确保圈域所必要的生活机能，发布明确的担任中心性作用的意思的"中心宣言"[③]。

---

① ［日］藤本典嗣：《二層の広域圏と21世紀の国土構造——82生活圈：ブロック圏における中枢管理機能の集積》，《人と国土21》2008年第33卷第6期。
② 日本市町村是均为基础自治体，互不重叠，町村相对农村的地域。
③ ［日］横道清孝：《日本における新しい広域行政政策》，http://www3.grips.ac.jp/~coslog/activity/01/03/index.html，2011年4月20日。

3. 创造自立多自然居住地域：联合与互补例

日本农林水产业发展停滞，年青层人口流出，使得国土管理上重要的农地和森林等的管理无法延伸，在环保和防灾、粮食生产力确保上，产生各种各样的问题。以中国山地为主的山间地域和濑户内海、日本海沿岸地域，以创造多自然居住为目标，应对严峻的过疏化、高龄化，发挥多样自然、文化资源价值的同时，推进着农山渔村与邻近城市间的一体化整备，通过相互交流形成能分享自然和都市便利的地域等，彰显地域个性，形成能实感大城市所没有的生活丰富和多样性的地域。地方中心、中小城市，作为包括周边的农山渔村等的多自然居住地域的自立促进据点，以基本医疗、福利、教育、文化、消费等城市功能为目标。另外，通过交通、信息通信基础设施建设，强化圈域内和与其他地域的联合和交流。农山渔村不是追随城市，而是在发现自然环境、文化等地域所具有的资源后，积极创造山村渔村环境，寻求活用这些独创的、有魅力的地域建设，发挥地域各自的创意和智慧的、极富个性的乡村建设，实现产业振兴和雇佣扩大[1]。在社会形势急变中，高松市面临中枢性下降、经济活力低下、年青层的流出、城市中心部空心化等课题。高松市推出田园（城市中心与郊外）、海园都市（城市中心与海岛）构想，通过城市中心和海岛互补，推进高反差的濑户内样式的生活圈形成，和通过水际魅力空间创造，展现其独有的形象。活用地域资源，为实现创造性人才集聚，推进文化和经济的融合[2]。重视生活质量的新式生活圈构想，将城市中心和岛屿一体化、网络化、无缝化，住在城市中心能够享受非日常疗养的空间，相反住在岛屿上的可享受高层次的都市机能。濑户内海景观优美，岛屿因人居住培育形成文化，因急速过疏化、高龄化的推进，岛上社区的延续处于危机

---

[1] ［日］国土庁地方振興局，《中国地方開発促進計画（第四次）—多軸・分散型発展を先導する中国》，大蔵省印刷局，1999年5月。

[2] ［日］広域拠点あり方検討委員会（香川大学香川県高松市）：《広域行政時代における拠点地域のあり方に関する調査研究報告書》，高松市公式ホームページ，http://www.city.takamatsu.kagawa.jp/11760.html（2008.03）。

状况。基于城市居民的价值观、生活方式多样化，活用地域资源，将大都市圈和海外纳入视野，形成"濑户内"独有的岛居和交流。

（二）韩国应对地域发展战略演进

1. 均衡开发到增长极圈域经济政策

韩国 1964 年开始实施防止大都市人口集中的对策，1971 年实施指定开发限制区域。1972 年第 1 次国土综合开发计划确立 5 个大都市圈、8 个中都市圈、17 个小都市圈，采用成长据点政策。从个别河川开发和资源开发向设定"圈域"的地域开发形态转变，优先实施经济性高的大规模项目的同时，通过据点开发方式，实现开发效果的全国性影响。之后，实施公共机关的地方转移、首尔市人口分散计划。1982 年国土综合开发计划，制订地方定居圈计划（5 个大都市圈、17 个地方都市圈、6 个农村都市圈）；重点放在应对时代需要，提供国民在生活上的便利，认识到推进国土均衡开发的必要性，纠正第一次国土综合开发计划带来的首都圈过密化及国土的两极化现象。政策从集聚利益追求方式向广域开发，从一味追求其范围扩大、生产环境的重点性开发向国民生活环境的开发为重点转移，重点推进国民生活圈培育。进而推进相对落后的生活环境和设施的根本改变，给国民生活确保必要的最低福利水准。

2. 广域化：城市与乡村统合

1992 年，韩国开发计划推进地域均衡开发、提高国民福利、保全国土环境、统一基础设施等。为推进城市和农村的平衡开发，把国土结构由首都圈集中型转变为地方分散型。为实现地域均衡发展，消解妨碍广域行政，强化财政能力；为有助于传统文化继承发展和居民的和合，消解同一文化生活圈人为性割裂，进行了地方自治法修改，实行市与郡地域统合。在 5 万人口以上城市形态的地域，可将郡作为城乡复合形态的市。1995 年，韩国进行了大规模的市郡合并统合，有郡和市合并成为市，人口规模大的郡整体升格为市，即"都农复合形态市"，市的辖域包含邑、面（农村部分）。基于大城市利用自己的财源推进城市开发、制定经济产业政策，对国家发展非常重要，1963年，把釜山市从庆尚南道独立成为"釜山直辖市"后，20世纪80年代，仁川、大田、光州、大邱相继从道分离成为直辖市。伴随民主化活跃，90年代，地方自治开始复活，行政区划上的问题开始浮出。以适应地域圈域化发展需要，1994年，行政区改革提案明确直辖市合并周边郡，使地域广域化。1995年，城乡复合形态市的编制成为可能，将管治色彩的"直辖市"名称改为"广域市"。蔚山市也通过和蔚山郡的市郡合并升格为广域市。

3. 权衡内外：双生圈域发展政策

韩国2002年提出共同发展的均衡国土、与自然协调的绿色国土、有竞争力的开放国土等。2008年7月，国家均衡发展委员会会议发表"为双生跳跃的地域发展政策的基本框架和战略"，以"创造就业和生活质量有保证的、有竞争力的地域"为展望，提出构筑应对全球化的广域经济圈；实现地域个性化特色化的发展；通过地方分权—自主的地域主导发展；通过地域间的协作—双生（地方和首都圈）的共同发展这4大基本方向。2008年9月，发布"广域经济圈"新成长主导产业的发展方针，将全国重组为7个广域经济圈，在各经济圈指定2—3个主导产业进行集中培育。通过13个地域战略事业的再模板化，推进与7个广域经济圈的统合。在国土潜力最大化方面，将全国分为"超广域开发圈""广域经济圈""基础生活圈"，推进重层且多元性地域开发。3个海岸带、1个国境带作为超广域开发圈定位，作为对外开放型的开发地域培育，目标在于国家竞争力的提高。除大城市外的全国162个市郡，中小城市和农山渔村联合，作为基础生活圈设定，改善定居所必要的教育、医疗、文化等的生活环境，提高生活质量，同时，将农山渔村作为休闲、疗养据点进行再生，以实现创造就业和收入增多为主要内容[①]。

---

① ［韩］申龍徹:《地域間不均衡の解決と経済広域圏の設定・行政区再編：韓国の地域均衡発展政策の現在》,《自治総研》2009年1月。

三 圈域化运作的认识：城市与乡村统筹基石

（一）构筑经济循环的圈域：统筹城乡的发展

随着社会经济发展，粮食之外的需求成为生活追求的主体部分，也成为经济生产活动的重心，亦即催发了工业和服务业的发展。若粮食问题解决后，继续扩大粮食生产投入，则无益于农民增收，所以在总体上，农业产出方面将会长期处于停滞状态，伴随新技术的采用，生产上的人力投入将进一步缩减，也就意味着农业劳动需要转移。农民问题本质上是农民粮食外需求解决的问题，为生活的第二方面追求，实现方式有二，一是用粮食交换；二是转移劳动。因扩大产粮行不通，传统地方经济循环圈被现代一体化市场取代，解决农民生活需求，体现为一种劳动机会，即充分就业。部分地域集聚能力丧失，转移劳动需跨地域，与此同时便是要素流（人流）在某种程度取代了产业流（产业转移），部分城市不断集聚膨胀，结果是农村和城市隔离，甚至是地域与地域隔离，即二重二元化。因市场全国统一化，又因工业、服务经济的大城市集聚本性，集聚结果造成国家整体上的过疏与过密局面。在我国大部分地区，未等进入城镇化充分发展就进入了大城市经济时代，农民城镇化则倾向于跨区域实现。地方不能提供现代生活设施、机会和优质服务。

现代产业经济有大城市集聚倾向，因而产业布局会选择一定人口规模的城市，而人口又需要产业支持。地域中心缺失或地域的中心城市不能发挥地域中心作用，城市化只能跨地域进行，而这种跨地域城市化，对移出地来说就是人口的减少、是老龄化提前到来。也许我们处在快速城市化的开始阶段，问题还未充分暴露出来，但未来形势必将是严峻的。在没有持续高生育率的背景下，人口迁移意味着地域人口的减少。人口减少将带来多种问题：（1）地域社会活力降低，制约地域经济成长。（2）影响到地域生活基础相关的各种活动，使地域生活的便利性消失，地域魅力下降，引发地域社会的恶性循环。人口减少伴随着需求减少，导致商业设施、公共设施以及高级别医疗服务设施提供减少。（3）最终雇佣、就业机会丧失。

日韩的地域圈域化对我们有重要的启示，（1）地域生活圈，农村更接近城市，将过剩的劳动就地转移，农业产品更接近市场，城市功能辐射到农村，为农村提供更好的服务和物质文化需求。乡村营造地域环境，成为城市人的后花园。（2）确保城市腹地或圈域整体的人口量，必须让这些人口转化为地域城市能级或中心性，为新产业创造空间，形成集聚引力和辐射能力。（3）发挥地域资源优势，形成相对的地域内部经济循环，城市农村互为一体，免于物资长距离运输造成能耗。

我国的城市，一面是大城市已形成超强集聚引力，另一面是部分地域的集聚能力在衰弱，劳动跨地域转移或定居大城市，因土地垄断，得承受高定居成本。结果除大城市外，地域自身不能做到工业反哺农业，城市带动农村，只能依托国家层面的农业支持，缓解城乡对立矛盾，非真正意义上城乡统筹。统筹是一种结构调整，依托于地域生活经济圈的形成。虽然工业经济具有高集聚性，而在后工业化时代，部分行业则趋向分散化，形成一些支店经济形式，因生活方式多样化，服务经济亦将更加活跃。从福利视角看，本地域的居民为自己提供服务，将地域看作一个经济循环，则地域经济就是自我提供福利，可构筑综合的经济循环。

（二）构筑物质循环圈域：创建循环型社会

构筑地域生活圈，实行地域圈域化发展，是人与自然和谐共处、城市与乡村一体化的载体。圈域发展构筑了经济上的循环系统，连接了城乡，使城乡互补良性互动，化解城乡矛盾。对于城市，一定程度的集聚，给城市中企业带来规模效应，发挥地域中心机能，并吸纳地域圈内的剩余劳动力，向农村辐射城市机能，避免人口大规模跨地域迁移。对于乡村，一定的人口也是一种集约化，减少治理或生活成本，反之，则增加交流、运输等生活成本，过疏化往往导致生活设施无法更新，带来生产生活上的安全问题，使得乡村走向空心化。过疏化是一种资源浪费，地方活力维系于一定人口，需要人去经营，土地荒废亦将成为环境问题。若没有地域中心城市发挥中枢功能，向农村辐射城市功能，则面临人口跨地域转移，必将带来地域治理危机，造成地域间差距过大化。结果，大城市极度膨胀，大城市周边是大面积农田被占用，未被集约化利用，还造成环境负荷问题，同时大城市内部又可能衍生出新的贫富悬殊化。

地域生活圈构筑可使圈域内的人流与物流本地循环，减少长距离流动造成能源消耗，城市吸纳农村剩余劳动力，实现劳动就地转移，减少大范围的人流物流，以及生活排放与自然形成物质有机循环。因而从集约型社会的视角看，圈域化发展是合理且必要的。人类因生存而集聚，以抵抗自然灾害，而集聚超出自然限度，则走向分散。技术变革给城市的容量带来极大的提升，集聚也使城市更加紧凑，为城市里的产业也带来更大的集聚技术溢出、创造机会空间、形成产业间的生态性。城市膨胀超出一定限度，便是城市风险的急剧上升，过度集聚也造成集聚成本的上升。同时造成环境压力，使得环境处理系统超负荷，生活排放不能进入生态循环。因而国际上普遍的做法是，选择分散型国土、分散化生产体系的做法。韩国通过城市乡村合并构筑广域行政圈，日本通过地方自治体联合构筑广域行政，或合并自治体使地域生活圈一体化，促进形成分散的多中心定居圈。从传统农村看，自足自给的经济基本能够维持人与自然物质有效循环。目前农村提倡的集中居住可能拉开生活与生产的距离，相应的生活垃圾不易有效处理，随处堆放抛弃，造成环境紧张。因而集聚过小也造成环境压力，处理成本上升。因此通过构筑发展地域生活圈的城市，对于处理地域静脉物流，解决城市过密、地域过疏问题具有重要意义。

（三）构筑生活圈：培育保存地域文化

地域因人的居住而形成独特地域文化，文化是人与自然共生的一种生存方式，同时文化也是人与人交往的产物，形成地域共同的生活方式、交往方式，并成为地域的凝聚力。在急速工业化和急速城市化的过程中，地域的传统文化，受到极大冲击，而这些文化中可能蕴含着重要价值，而这些价值可能没被充分理解和认识，就随着人口的走散而走向消亡。

在急速城市化的过程中，尤其是跨地域的城市化，人们原有的生活文化，可能不适应新的土壤，人与人交往的纽带被切断，而一时没有替代的连接方式，从而造成城市文化的缺失，往往也成为重要的城市问题。因此构筑地域生活圈，充分挖掘地域资源价值，保存和延续地域文化，形成具有地域文化的城市特色，同时也是地域文化的承接载体。乡村与城市交往，城市的先进文化渗透到乡村，把民主的议事方式带到农村，通过相互联合解决地域问题。同时乡村具有人情味的交往方式活跃城市社区的精神。创造环境，使地域适于宜居，让人们定居下来是地域城市的使命，也是地域的凝聚力所在。

韩国在快速城市化初期，选择城市与乡村分离的、人为地将地域生活文化圈割裂的城市化道路，最终还是迅速回归到城乡统合的行政体系中来。在新的行政体系设想中，亦将以生活圈为基础，构筑经济圈域作为行政体制和经济发展战略选择。

四 总结

霍华德基于城市与乡村统筹的政治视角，对城市过度膨胀造成当时技术水平上的城市治理限度和乡村的凋敝，于1898年提出田园城市规划的设想。这凝练了城市与乡村统筹的规划思想，对于我国今天的急速城市化，仍具有重要现实意义。地域需要中心，区域需要平衡发展，化解过度集中或过疏，消解城市与乡村的紧张。紧凑型城市是城市集聚的必然，田园城市构想往往被认为解决城市问题良药，却也成为城市人的田园式居住方式追求。芒福德说，只有当我们的政治和经济制度直接迈向地域复兴这一目标的时候，田园

第十一章 城乡关系的重塑：城市乡村关系建构与地域圈域化发展选择

城市才能够形成[①]。而在现代经济环境下，它给我们解决农村问题提供新的启发。

日韩均衡发展和地域经济活性化目标的发展政策，也为我们城乡关系建构带来重要启示。在今天这样的市场一体化时代，传统生活圈或经济循环圈被现代生产方式打破，地域生产不再是提供地域本身的需求。不能因传统经济循环圈被打破，就否定地域生活圈存在的必要，构筑生活圈意味着构筑新的经济循环圈域。在因政策以及地理环境产生的地域城市间的差距格局下，建构和谐的地域城市仍需政策的引导和支持。地域圈域化城市体系，也只有在国家战略规划下，给城市布局，让城市与乡村形成生活圈，推进地域基础设施建设，使人口定居缔造地域文化，都市机能辐射到农村，乡村优美环境成为都市后花园。因而我们不能单执经济中心主义或城市中心主义立场，而将循环、集约、人文精神融入城市建设，创造我们的家园。

[①] [美] 刘易斯·芒福德：《城市文化》，宋俊岭、李翔宁、周鸣浩译，中国建筑工业出版社2009年版，第402页。

参考文献

［美］道格拉斯·诺斯：《制度、制度变迁与经济绩效》，杭行译，上海人民出版社2008年版。

［美］刘易斯·芒福德：《城市文化》，宋俊岭、李翔宁、周鸣浩译，中国建筑工业出版社2009年版。

［美］斯蒂格利茨：《不平等的代价》，张子源译，机械工业出版社2013年版，第250页。

［日］国土厅地方振興局，《中国地方开発促進計画（第四次）—多軸·分散型発展を先導する中国》，大蔵省印刷局，1999年5月。

［古巴］菲德尔·卡斯特罗：《全球化与现代资本主义》，王玫等译，社会科学文献出版社2000年版。

《毛泽东文集》（第5卷），人民出版社1996年版。

《毛泽东文选》（第7卷），人民出版社1999年版。

《毛泽东选集》（第3、4、5、7卷），人民出版社1999年版。

《周恩来经济文选》，中央文献出版社1993年版。

《周恩来选集》（下卷），人民出版社1984年版。

《建国以来毛泽东文稿》（第2、6、7、12册），中央文献出版社1992年版。

《建国以来重要文献选编》（第4、6、9、11、15册），中央文献出版社1995年版。

薄一波：《若干重大决策和事件的回顾》，中共中央党校出版社1991

年版。

邸延生编著：《毛泽东与中国经济》，新华出版社 2010 年版。

高佰文：《中国共产党与中国特色工业化道路》，中央编译出版社 2008 年版。

顾龙生编著：《毛泽东经济年谱》，中共中央党校出版社 1993 年版。

安树伟、吉新峰等：《主体功能区建设中区域利益的协调机制与实现途径研究》，《甘肃社会科学》2010 年第 2 期。

白暴力、白瑞雪：《物价总水平上涨系统模型的构建——以马克思理论为基础的因素与原因分析》，《中共中央党校学报》2014 年第 2 期。

白文周、吴义周：《中国特色农业现代化道路的内涵及实现途径》，《经济问题探索》2008 年第 5 期。

薄文广、安虎森等：《主体功能区建设与区域协调发展：促进亦或冒进》，《中国人口·资源与环境》2011 年第 10 期。

蔡昉：《破解农村剩余劳动力之谜》，《中国人口科学》2007 年第 2 期。

蔡玉胜、陈茜：《开发区的城市化与城市管理：起源、演化与路径》，《改革与战略》2013 年第 8 期。

陈红霞、李国平：《开发区城市管理的问题及解决途径》，《城市问题》2009 年第 12 期。

陈焕珍：《县域尺度主体功能区划分研究》，《现代城市研究》2013 年第 7 期。

陈锡文：《中国特色农业现代化的几个主要问题》，《改革》2012 年第 10 期。

陈秀梅、黄健：《扩大内需的着力点——提高劳动力价格》，《改革与战略》2011 年第 1 期。

陈彦斌、唐诗磊等：《货币供应量能预测中国通货膨胀吗？》，《经济理论与经济管理》2009 年第 2 期。

陈志峰、刘荣章等：《工业化、城镇化和农业现代化"三化同步"发展的内在机制和相互关系研究》,《农业现代化研究》2012年第33卷第2期。

程郁、吕佳龄:《高新区与行政区合并:是体制复归,还是创新选择?》,《科学学与科学技术管理》2013年第6期。

代明、刘燕妮等:《基于主体功能区划和机会成本的生态补偿标准分析》,《自然资源学报》2013年第8期。

邓玲、杜黎明:《主体功能区建设的区域协调功能研究》,《经济学家》2006年第4期。

丁守海:《工资与物价会螺旋波动吗?》,《统计研究》2010年第9期。

董迎、夏小林:《统筹城乡发展的思考与建议》,《中国经贸导刊》2010年第7期。

杜宝东:《产城融合的多维解析》,《规划师》2014年第6期。

樊杰:《我国主体功能区划的科学基础》,《地理学报》2007年第4期。

范志勇:《中国通货膨胀是工资成本推动型吗?——基于超额工资增长率的实证研究》,《经济研究》2008年第8期。

傅前瞻、余茂辉:《推进主体功能区建设必须正确认识和处理的若干关系》,《经济问题探索》2010年第3期。

辜胜阻、李华等:《均衡城镇化:大都市与中小城市协调共进》,《人口研究》2010年第5期。

辜胜阻、武兢:《城镇化的战略意义与实施路径》,《求是》2011年第5期。

谷素华:《我国农业发展现状及农民增收的有效途径》,《商业时代》2007年第12期。

郭彩霞:《反全球化运动的理论基础》,《中共福建省委党校学报》2007年第4期。

胡彬:《开发区管理体制的过渡性与变革问题研究——以管委会模式为例》,《外国经济与管理》2014年第4期。

黄群慧:《中国城市化与工业化协调发展问题研究》,《学习与探索》

2006年第2期。

黄万林：《欠发达地区县域经济超常规发展战略选择》，《江西社会科学》2011年第8期。

贾俊雪、张永杰等：《省直管县财政体制改革、县域经济增长与财政解困》，《中国软科学》2013年第6期。

贾若祥：《实施主体功能区战略下的区域发展模式转变研究》，《中国经贸导刊》2012年第16期。

金鑫：《关于欠发达地区发展县域经济的思考》，《中国特色社会主义研究》2007年第5期。

孔繁斌：《公共性的再生产——多中心治理的合作机制建构》，江苏人民出版社2008年版。

雷霞：《关于我国开发区管理体制的类型及其改革的思考》，《齐鲁学刊》2007年第6期。

李斌：《从流动性过剩（不足）到结构性通胀（通缩）》，《金融研究》2010年第4期。

李炳炎、王冲：《当前世界经济危机与新自由主义的终结》，《探索》2011年第3期。

李文彬、陈浩：《产城融合内涵解析与规划建议》，《城市规划学刊》2012年第1季。

李先念：《李先念论财政金融贸易（1950—1991）》，中国财政经济出版社1992年版。

李宪坡：《解析我国主体功能区划基本问题》，《人文地理》2008年第1期。

李优坤、戴斌武：《反全球化与资本主义全球体系危机》，《世界经济与政治论坛》2011年第2期。

李雨停、丁四保等：《跨地区农村人口城市化与区域协调发展》，《经济问题探索》2012年第1期。

梁小青：《新型工业化与城镇化关系辨析》，《商场现代化》2009年第5期。

林高瑞：《我国欠发达地区的产业集群培育研究》，《特区经济》2011年第6期。

刘静：《新自由主义范式与美国经济危机》，《云南社会科学》2009年第4期。

刘荣增、王淑华：《城市新区的产城融合》，《城市问题》2013年第6期。

刘玉：《农业现代化与城镇化协调发展研究》，《城市发展研究》2007年第6期。

鲁可荣、朱启臻：《对农业性质和功能的重新认识》，《华南农业大学学报》（社会科学版）2011年第1期。

罗兆慈：《国家级开发区管理体制的发展沿革与创新路径》，《科技进步与对策》2008年第1期。

骆鹏、葛深渭：《探索农民增收途径的新思路》，《改革与战略》2004年第12期。

马晓河：《中国农业收益与生产成本变动的结构分析》，《中国农村经济》2011年第5期。

孟俊杰、田建民等：《河南省"三化"同步发展水平测度研究》，《农业技术经济》2012年第8期。

孟祺：《美国再工业化的政策措施及对中国的启示》，《经济体制改革》2012年第6期。

苗建萍：《新型城镇化与新型工业化的互动发展机制》，《经济导刊》2012年第1期。

缪匡华：《"省直管县"体制改革中地级市面临的问题研究》，《天津师范大学学报》（社会科学版）2010年第6期。

南宁市财政局课题组：《对城区、开发区财政管理体制改革的思考》，《经济研究参考》2008年第53期。

聂洪辉：《工业开发区征地的利益流向及其影响——对S市七个工业园区的调查》，《中共南京市委党校学报》2011年第2期。

潘石：《"工资—物价螺旋上升"之机理、效应及对策》，《学术月刊》

2011年第12期。

彭迪云、何文靓：《我国实施主体功能区战略的利益困局与政策建议》，《求实》2013年第6期。

彭荣胜：《区域协调与先发地区经济持续发展研究——基于两区域的分析》，《商业研究》2007年第10期。

秦晖：《为什么"人心散了"》，《发展》2006年第4期。

冉启秀、周兵：《新型工业化和新型城镇化协调发展研究》，《重庆工商大学学报》2008年第18卷第2期。

芮明杰：《"第三次工业革命的起源、实质与启示"在复旦大学的讲演》，《文汇报》2012年9月17日。

沈建明、陆云航等：《生产成本大幅提高条件下的企业转型升级研究》，《浙江学刊》2008年第6期。

施宏：《行政区划调整对都市圈成长的影响》，《现代经济探讨》2011年第12期。

宋亚平：《不要让统筹城乡发展误入歧途》，《江汉论坛》2011年第3期。

苏东坡：《新型城镇化与行政区划调整的或然走向》，《改革》2013年第12期。

苏晓哲：《完善我国开发区管委会管理职能的措施探析》，《管理学刊》2009年第6期。

孙红玲：《"3+4"：三大块区域协调互动机制与四类主体功能区的形成》，《中国工业经济》2008年第10期。

孙立平：《劳动力价格：打破恶性循环的关节点》，《中国社会保障》2005年第12期。

唐茂华：《试论我国城市圈域经济发展中的政府职能》，《中共福建省委党校学报》2006年第6期。

陶鲁笳：《毛主席教我们当省委书记》，中央文献出版社2003年版。

王秉安、罗海成：《县域特色经济发展战略探究》，《中共福建省委党校学报》2013年第9期。

王慧：《开发区运作机制对城市管治体系的影响效应》，《城市规划》2006年第6期。

王缉慈：《中国产业园区现象的观察与思考》，《规划师》2011年第9期。

王倩：《基于主体功能区的区域协调发展新思路》，《四川师范大学学报》（社会科学版）2011年第1期。

王圣云、马仁锋等：《中国区域发展范式转向与主体功能区规划理论响应》，《地域研究与开发》2012年第6期。

王雅龄、刘玉魏等：《劳动成本变动对物价总水平的影响——基于刘易斯拐点的纵深回顾》，《广东社会科学》2012年第6期。

王昱、丁四保等：《主体功能区划及其生态补偿机制的地理学依据》，《地域研究与开发》2009年第1期。

王泽应、贺汉魂：《当代经济自由主义的伦理反思》，《湖南师范大学社会科学学报》2010年第1期。

王志忠：《如何迎接第三次工业革命》，《新华日报》2012年9月25日。

卫思祺：《现代农业发展的要素整合与政策选择》，《中州学刊》2012年第3期。

魏后凯：《对推进形成主体功能区的冷思考》，《中国发展观察》2007年第3期。

魏后凯：《中国国家区域政策的调整与展望》，《西南民族大学学报》（人文社科版）2008年第10期。

吴福象、沈浩平：《新型城镇化、创新要素空间集聚与城市群产业发展》，《中南财经政法大学学报》2013年第4期。

夏锦文、王波：《技术创新和产业的平衡与不平衡发展》，《特区经济》2006年第4期。

向乔玉、吕斌：《产城融合背景下产业园区模块空间建设体系规划引导》，《规划师》2014年第6期。

徐大伟、段姗姗等：《"三化"同步发展的内在机制与互动关系研究——基于协同学和机制设计理论》,《农业经济问题》2012 年第 2 期。

徐莉萍、孙文明:《主体功能区生态预算系统:环境、结构与合作》,《经济学家》2013 年第 9 期。

闫恩虎:《城镇化与县域经济发展的关系研究》,《开发研究》2011 年第 3 期。

杨昌鹏:《基于"三化同步"的欠发达地区城镇化研究》,《江海学刊》2012 年第 2 期。

杨美玲、米文宝等:《主体功能区架构下我国限制开发区域的研究进展与展望》,《生态经济》2013 年第 10 期。

杨向飞、翟彬:《对我国农民增收问题的现状分析及政策建议》,《经济问题》2010 年第 11 期。

杨荫凯:《壮大县域经济促进城乡协调发展》,《宏观经济管理》2004 年第 2 期。

杨玉文、李慧明:《我国主体功能区规划及发展机理研究》,《经济与管理研究》2009 年第 6 期。

姚洋:《以市场替代农民的公共合作》,《华中师范大学学报》(人文社会科学版)2004 年第 5 期。

余方镇:《中国县域经济空间差异成因与均衡发展策略》,《生产力研究》2007 年第 10 期。

余宗良:《困境与出路:开发区管委会法律性质之辩》,《中南大学学报》2013 年第 1 期。

袁政:《区域平衡发展优势理论探讨——城市相互作用理论视角》,《武汉大学学报》(哲学社会科学版)2010 年第 5 期。

战沼磊:《中国县域经济发展模式的分类特征与演化路径》,《云南社会科学》2010 年第 3 期。

张超武、程业炳:《低碳经济下欠发达地区战略性新兴产业发展研究》,《贵州社会科学》2011 年第 5 期。

张纯、占永志等:《自主创新与欠发达地区经济社会发展的互动关系研究》，《特区经济》2006 年第 12 期。

张紧跟：《当代中国政府间关系导论》，社会科学文献出版社 2009 年版。

张可云、刘琼：《主体功能区规划实施面临的挑战与政策问题探讨》，《现代城市研究》2012 年第 6 期。

张利庠、张喜才：《我国农业产业链中价格波动的传导与调控机制研究》，《经济理论与经济管理》2011 年第 1 期。

张群群、王振霞：《2013 年中国物价形势分析与应对策略》，《宏观经济研究》2013 年第 1 期。

张士斌：《城镇化与扩大内需的关联机理及启示》，《开放导报》2010 年第 4 期。

张习宁：《成本视角下中国通货膨胀的成因与治理研究》，《金融发展研究》2011 年第 8 期。

张秀生：《县域经济发展：现状、问题与对策》，《武汉大学学报》（哲学社会科学版）2007 年第 4 期。

张屹山、张可等：《美国货币政策与中国物价水平关系的经验研究》，《财经问题研究》2015 年第 7 期。

张正斌、徐萍等：《粮食安全应成为中国农业现代化发展的终极目标》，《中国生态农业学报》2015 年第 10 期。

张志胜：《行政化：开发区与行政区体制融合的逻辑归宿》，《现代城市研究》2011 年第 5 期。

赵润田：《欠发达地区城镇化与县域经济发展》，《理论学刊》2012 年第 11 期。

中国人民银行课题组：《我国农产品价格上涨机制研究》，《经济学动态》2011 年第 3 期。

周家新、郭卫民等：《我国开发区管理体制改革探讨》，《中国行政管理》2010 年第 5 期。

周柯、曹东坡：《欠发达地区产业平衡发展与包容性增长研究》，《中州学刊》2012 年第 3 期。

周批改、何柳:《农业劳动者利益保护与惠农政策完善研究》,《社会主义研究》2012 年第 5 期。

周宇:《后全球化时代省级开发区管理模式创新的审思》,《商业时代》2013 年第 29 期。

朱孔来、倪书俊:《试论县域经济的特点和发展》,《宏观经济管理》2006 年第 1 期。

邹伟勇、黄炀等:《国家级开发区产城融合的动态规划路径》,《规划师》2014 年第 6 期。

[韩] 申龍徹:《地域間不均衡の解決と経済広域圏の設定・行政区再編:韓国の地域均衡発展政策の現在》,《自治総研》2009 年 1 月。

[日] 藤本典嗣:《二層の広域圏と 21 世紀の国土構造——82 生活圏:ブロック圏における中枢管理機能の集積》,《人と国土 21》2008 年第 33 卷第 6 期。

[日] 澤田大吾:《食料自給率から読み取る日本農業》,《広島商船高等専門学校紀要》2010 年第 32 号。

[日] 広域拠点あり方検討委員会(香川大学香川県高松市):《広域行政時代における拠点地域のあり方に関する調査研究報告書》,高松市公式ホームページ,http://www.city.takamatsu.kagawa.jp/11760.html(2008.03)。

[日] 周藤利一:《韓国の都市政策の近況》,(財)民間都市開発推進機構,http://www.minto.or.jp/center/us_new51.htm。

后　　记

　　我对中国结构转型问题的关注始于 2012 年，这是我进入湖南省社会科学院开展研究工作的切入点。我有幸参与了单位年度集体项目课题的调研，特别是参与了产业经济研究所原所长郭勇主持的湖南省政府委托课题的调研，以及与湖南省工业和信息化厅（原湖南省经信委）长期合作项目的调研，参与了集体成果《2013 年湖南省开发区报告》的撰写，对开发区的发展进行了历史性回顾与研究。同期，我本人也获得湖南省社会科学院院属立项课题资助，其中有"毛泽东工业实践的经验研究""湖南省县域经济结构转型研究""高收入挑战与湖南经济生态优化研究"等，通过调研、撰写研究报告和学术论文，获得感性认识与学术积累。

　　基于此，我确定了本书写作主题与研究方向，围绕该主题和方向，开启有目标的研究，陆续申报了湖南省社科基金项目课题，并获得立项资助，其中有"湖南四化同步的逻辑基点与充要条件研究""绿色发展背景下湖南县域经济转型的体制机制研究"等。由此，研究全面铺开，形成系列成果，这些成果均以独著学术论文形式发表在各类核心期刊上，共十余篇。其中有的获得中国人民大学复印报刊资料全文转载，多篇获国研网、中国干部学习网全文转载。

　　2017 年，我对前期成果进行整理、编辑，形成初稿，此后又做多次删减与增补，于 2019 年 3 月定稿。

　　在此，感谢湖南省社会科学院为本研究提供较好的研究平台以及产业经济研究所给予的宽松自由的写作环境。最后，特别感谢中国社会科学出版社对本书出版的支持，感谢出版社编辑老师对书稿提出宝贵的修改意见及辛苦的校对工作！

曹前满

2019年7月于长沙